Deux décennies de coopération archéologique franco-cambodgienne à Angkor

Illustration de couverture :
Pascal Royère et les ouvriers du chantier de restauration, devant le Baphuon en 2011 © Christophe Lovigny.

N° ISBN : 978-2-87754-349-1
Édité en 2017

Deux décennies de coopération archéologique franco-cambodgienne à Angkor

Azedine Beschaouch, Franciscus Verellen et Michel Zink éd.

Actes de la journée d'études organisée à la mémoire de Pascal Royère par l'Académie des Inscriptions et Belles-Lettres, sous le haut patronage de Sa Majesté Norodom Sihamoni, Roi du Cambodge

à l'Académie des Inscriptions et Belles-Lettres

le 9 mai 2014

Académie des Inscriptions et Belles-Lettres
Paris • 2017

M. Michel Zink et Sa Majesté Norodom Sihamoni, Roi du Cambodge.
Photo : Brigitte Eymann © Académie des Inscriptions et Belles-Lettres.

MOT DE BIENVENUE

Sire,
Chers Confrères,
Chers Collègues,
Mesdames, Messieurs,

Nous avons de nombreuses raisons de nous réjouir de la journée qui commence et du colloque que j'ai l'honneur d'ouvrir, mais nous avons aussi des raisons de nous attrister.

Toutes ces raisons sont présentes en cet instant à l'esprit de chacun. Notre première raison de nous réjouir, nous l'avons sous les yeux : c'est la présence parmi nous de notre confrère, Sa Majesté Norodom Sihamoni, roi du Cambodge. Si un colloque peut aujourd'hui marquer les vingt ans de l'activité retrouvée de l'EFEO à Angkor, nous le devons à l'illustre père de Votre Majesté, le roi Norodom Sihanouk. Son souvenir reste vivant parmi nous comme la peine de sa disparition reste vive. Mais une autre disparition plus récente, celle d'un savant et non pas d'un roi, jette une ombre sur cette journée : celle de Pascal Royère, qui nous a quittés si prématurément et si douloureusement. Cette journée lui est dédiée. Mais nous pouvons à peine dire que nous la lui dédions, tant ce geste va de soi : c'est comme s'il se faisait de lui-même.

Cet après-midi, en ouvrant la séance hebdomadaire de l'Académie, avec laquelle se confondra la seconde session de cette journée d'études, je redirai à peu près les mêmes mots et je les développerai un peu à l'intention de nos confrères qui, comme moi, ont des domaines de recherche fort éloignés du monde khmer. Pour l'instant, je me contente de vous souhaiter à tous la bienvenue, de souhaiter un plein succès à vos travaux et de vous redire combien l'Académie des Inscriptions et Belles-Lettres est heureuse d'accueillir ce colloque et combien tout ce qui touche à l'étude, à la préservation des temples et des monuments d'Angkor a de prix à ses yeux.

Michel ZINK
Secrétaire perpétuel de l'Académie des Inscriptions et Belles-Lettres

Sa Majesté NORODOM Sihamoni, Roi du Cambodge, et M. Dominique SOUTIF.
Photo : Brigitte Eymann © Académie des Inscriptions et Belles-Lettres.

LE FEU SACRÉ : ÉTUDE ARCHÉOLOGIQUE ET ÉPIGRAPHIQUE D'UN RITUEL DU CAMBODGE ANCIEN

En 2011, l'Académie des Inscriptions et Belles-Lettres nous faisait l'honneur d'attribuer au centre de l'École française d'Extrême-Orient de Siem Reap le prix d'archéologie de la fondation Simone et Cino Del Duca. C'est notre regretté collègue Pascal Royère, trop tôt disparu, et l'un des artisans du projet récompensé alors, qui avait été chargé de le recevoir ici même en notre nom à tous. Le connaissant, je sais que la meilleure façon de lui rendre hommage est de vous présenter une partie des travaux que ce prix nous a permis de réaliser pour faire progresser notre connaissance de l'histoire du site d'Angkor, qu'il aimait tant.

La fascination exercée par ce site exceptionnel a poussé nombre de chercheurs, archéologues, architectes ou épigraphistes à se pencher sur son histoire. Les travaux souvent titanesques entrepris depuis plus d'un siècle ont permis et permettent encore de restituer progressivement son histoire et sa configuration, de reconstruire ses monuments les plus prestigieux et de répondre aux premières questions que ces derniers posaient : qui en avait décidé la construction et quand ? Quelle était leur obédience ? Aujourd'hui, une partie de ces inconnues documentaires a été résolue, mais en revanche, on ne sait encore que peu de choses de la réalité de la vie de ce site, et notamment de ce qui se déroulait au quotidien dans les grands sanctuaires angkoriens[1].

Le rituel que je vais évoquer aujourd'hui y occupait manifestement une place toute particulière, comme c'est encore le cas dans les temples indiens de nos jours. En effet, de nombreux témoignages épigraphiques attestent l'importance que revêtait le culte du Feu dans le Cambodge ancien. Rares sont, par exemple, les panégyriques omettant de louer le zèle et la rigueur avec lesquels le roi comme les dignitaires honoraient le Feu par d'innom-

1. En dehors des travaux récents du programme de recherche *Yaśodharāśrama*, cette étude se fonde sur les résultats de ma thèse de doctorat, qui était consacrée au fonctionnement des sanctuaires du Cambodge ancien (D. Soutif, 2009, p. 317-351).

brables oblations. C'est le cas, par exemple, dans l'inscription K. 432 (st. V ; IX-Xe s. A. D. ; *Inscriptions du Cambodge* [désormais *IC*] II, p. 119-120) :

> *[a]saṃkhyādhvaradhūmālīvitānaṃ vitatāna yaḥ*
> *śaṅke śatamakhasparddhi bhānumārgāgniveśmani* ||
>
> « C'est, semble-t-il, pour rivaliser avec (Indra) le dieu aux cent sacrifices que, dans cette maison du Feu qu'est le ciel, il [Yaśovarman Ier] a répandu les flots de fumée d'innombrables sacrifices. »

La place particulière que prit le Feu sacré au Cambodge en contexte royal a très tôt été soulignée en raison d'un célèbre bas-relief de la troisième enceinte d'Angkor Vat représentant le Feu sacré conduit en procession sur un palanquin où il est accompagné par les principaux dignitaires du royaume (G. GROSLIER, 1921, p. 104, fig. 66). Ce « cortège du Feu sacré » avait été identifié par Étienne Aymonier grâce à la légende *vraḥ vleṅ*, « Feu sacré », qui lui est associée (K. 298.21 ; XIIe s. A. D. ; 1883, p. 215). On sait par ailleurs qu'un certain nombre d'événements officiels devaient être réalisés en présence du Feu sacré, l'occasion la plus célèbre étant sans doute le serment des fonctionnaires, sous le règne de Sūryavarman Ier (K. 292; 1011 A. D. ; *IC* III, p. 205)[2]. Dans une certaine mesure, la tradition du Feu sacré s'est d'ailleurs transmise jusqu'à nos jours au palais royal, puisque, comme le soulignait Adhémard Leclère, un Feu rituel y est allumé et transporté en procession dans le cadre particulier des crémations royales et princières (1907, p. 7-8)[3].

L'importance de ce culte ne se limitait cependant pas au cadre du palais et prenait manifestement place dans le culte quotidien de la plupart des sanctuaires[4] (K. BHATTACHARYA, 1961, p. 70, n. 2). Dès la fin du XIXe siècle,

2. En ce qui concerne l'importance du rituel du Feu en contexte royal, on pourra également citer la stance XIII de l'inscription K. 275 (X-XIe s. A. D. ; *ISC*, p. 104 et 110 et n. 9) :
« *sarājaguruṇā hotrā mantrimukhyais sabhādhipaiḥ*
vipraiḥ prāñjalibhiḥ stotraiḥ stuta īśas sapāvakaḥ || »
« (Là), par le *hotar* et le guru du roi (Sūryavarman Ier), par les premiers ministres, par les principaux de la cour, par les brahmanes, (tous) les mains jointes, avec des chants de louanges étaient célébrés Īśa et le Feu. »

3. Selon Adhémard Leclère, le palanquin d'Angkor Vat est remplacé dans ces processions par un support en forme de rhinocéros (1907, p. 107). Dès l'époque angkorienne, le rhinocéros est l'une des montures choisies au Cambodge pour le dieu du Feu Agni. K. Bhattacharya rappelle toutefois que dans les groupes des neuf dieux, Agni est monté sur un bélier ou un perroquet, conformément à la tradition indienne (1961, p. 142 et 145, n. 9). À ce sujet, voir également S. POU, 1983.

4. Plusieurs inscriptions permettent toutefois de supposer que les Viṣṇuites, et les Bouddhistes, avaient également adopté cet acte de révérence (K. BHATTACHARYA, 1961, p. 111 et 147).

Auguste Barth avait déjà noté que les invocations au Feu sont très présentes, en particulier dans la liturgie śivaïte, et ajoutait qu'elle restait de ce fait assez archaïque (1885, p. 110, n. 9). Ceci rejoint les observations d'Hélène Brunner-Lachaux en contexte indien qui relève que, dans la *Somaśambhupadhati*, le rituel du Feu était présenté comme un culte annexe qui suit et complète celui de Śiva et, de plus, qu'il y est considéré comme un rituel védique adapté, dont l'objet n'est pas le Feu, Agni, mais Śiva sous la forme d'Agni (1963, p. XXVII). Par ailleurs, plus qu'un culte annexe de celui de Śiva, les oblations sont même considérées dans d'autres traités indiens comme un acte de révérence proprement dit, et donc comme l'un des rites quotidiens du culte brahmanique, au même titre que le bain du dieu ou le don de vêtement à la divinité. C'est le cas, par exemple, dans le *Rauravāgama* (Kp 15.33-34, B. DAGENS et M.-L. BARAZET-BILLORET, 2000, p. 58).

Dans les inscriptions du Cambodge ancien, la pratique d'oblations quotidiennes au Feu dans les temples est bien attestée, soit au travers de prescriptions de denrées destinées à ce rituel, soit plus explicitement comme dans ce texte du Xe siècle (K. 842, st. XVI ; 968 A. D. ; *IC* I, p. 149, 153) :

> « *bhaktyāṣṭapuṣpikāṃ śaivīṃ havīṃṣi ca havirbhuji*
> *yogañ ca pratyahaṃ yogyas svapoṣam iva yo puṣat* || »

> « Pieusement il pratiquait chaque jour, aussi régulièrement que sa nourriture, l'offrande d'une guirlande de huit fleurs à Śiva, les oblations dans le Feu et les exercices du yoga. »

Enfin, en plus des oblations entrant dans le cadre du culte quotidien de la divinité principale d'un sanctuaire, le Feu semble avoir fait l'objet, au Cambodge, d'installations solennelles dénotant un « culte indépendant du Feu ».

C'est le cas par exemple dans l'inscription K. 937 qui rapporte que l'officiant principal d'Indravarman Ier, Nandikācārya, procède à l'installation du Feu sacré dans un temple, le Prasat Srangé, à la fin du IXe siècle de notre ère[5]. Il est intéressant de noter que cette inscription est gravée sur le piédroit d'un de ces bâtiments annexes des temples nommés pendant longtemps bibliothèques et dont on pense aujourd'hui que certaines d'entre elles, au moins, étaient plutôt destinées à accueillir précisément ce rituel du

5. « *śarakhāṣṭāṅkite śāke devāgnir ṇnandikeśvaraḥ*
sthāpito vidhinā tena hutvāgniñ ca sadārccayet || »
« Dans l'année *śaka* marquée par huit, l'espace (0) et les flèches (5), celui-ci (Nandikācārya) a installé suivant la règle le Feu sacré Nandikeśvara et, après avoir fait l'oblation au Feu, il l'honore sans cesse. »
(K. 937, st. III ; 883-884 A. D. ; *IC* IV, p. 46).

Feu, les ouvertures situées en partie haute des superstructures constituant de parfaites cheminées (fig. 1)[6].

Le problème que pose cette question dans les inscriptions khmères – culte indépendant ou non – répond manifestement à la place particulière qu'occupent les oblations au Feu dans le rituel indien. La volonté d'intégrer au culte brahmanique un culte du Feu à l'origine indépendant, issu d'un passé védique, a imposé de vénérer une divinité par l'intermédiaire des oblations à Agni. Cependant, il faut reconnaître que la complexité du déroulement de ce rituel laisse encore, dans les traités, l'impression d'un culte indépendant et « complet », se distinguant nettement des autres actes de révérence qui s'adressent directement à la divinité, comme le bain.

Malgré toute l'importance que prit manifestement le culte du Feu au Cambodge, sa réalité est encore mal connue. Qu'il s'agisse d'un culte indépendant ou d'un élément du culte quotidien d'une divinité, on peut supposer que le mode opératoire du rituel était dans tous les cas conforme au rituel indien, comme le laisse supposer la stance LXXIV de l'inscription K. 661 (X-XIe s. A. D. ; K. BHATTACHARYA, 1961, p. 47) :

> « *śivārcanāgnihotrādi-tapasyāsādhanāni yaḥ*
> *mantratantrāṇi saṃśodhya vidhaye'rañjayad dhiyā* || »

> « Par l'effet de son activité intellectuelle, il fit briller, en les éditant pour la célébration des rites, les *mantra* et les *tantra*, guides des pratiques religieuses des ascètes, à commencer par le culte de Śiva et les oblations au Feu. »

D'un point de vue archéologique, le meilleur moyen de vérifier la conformité du rituel du Feu khmer aux prescriptions théoriques indiennes est de vérifier celle de l'équipement qui lui était consacré. Malheureusement, les témoignages matériels directs du culte du Feu restent très limités et il nous faut donc nous tourner vers les sources épigraphiques et iconographiques pour en trouver une trace. Avant de présenter par ce biais des ustensiles spécifiquement dédiés à ce rituel, nous nous pencherons sur la question de son réceptacle.

Le creuset, support indispensable du rituel du Feu, est désigné en sanskrit par le terme *kuṇḍa* et est précisément décrit dans les traités de rituel indiens.

6. À ce sujet, on notera qu'une inscription gravée sur le piédroit sud de la « bibliothèque » du temple de Trapeang Ropou désigne ce bâtiment par l'expression *padaḥ sthāna jā 'āśrama vleṅ*, traduite par Cœdès comme « l'āśrama où réside le Feu sacré » (K. 691, l. 6 ; 1002 A. D. ; *IC* IV, p. 151).

FIG. 1. – Preah Vihear, bibliothèque Nord-Est, vue du nord-ouest (cliché : D. Soutif).

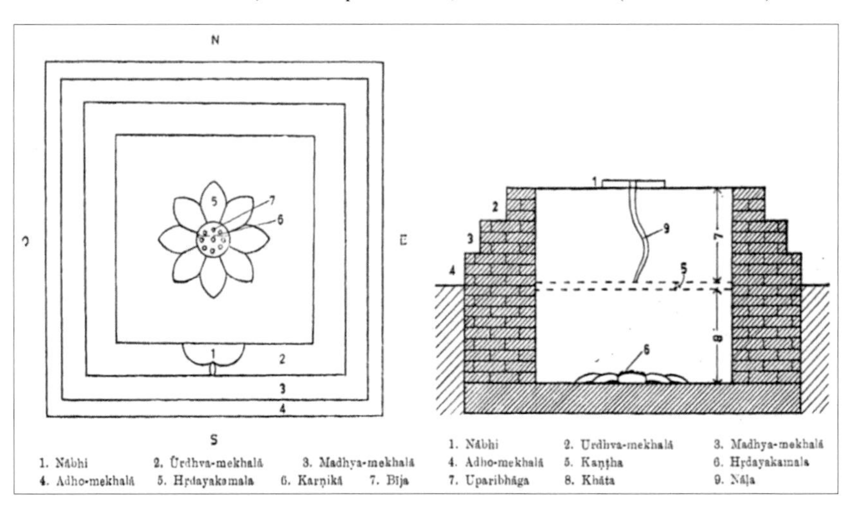

FIG. 2. – Le *kuṇḍa* d'après le *Mṛgendrāgama* (N. R. BHATT, 1962, face à la p. 69).

Il s'agit d'une fosse creusée dans le sol et entourée de murs surélevés, bordés à l'extérieur par des enceintes de largeurs décroissantes (fig. 2). Faute de telles structures, les traités précisent qu'il existe également des *kuṇḍa* mobiles, petits récipients de métal où peut se faire le rituel du Feu[7].

7. D'après la *Somaśambhupaddhati* : « Le *kuṇḍa* est une fosse creusée dans le sol mais entourée de murs surélevés, et bordés à l'extérieur d'enceintes ou ceintures (*mekhalā*)

Aucun creuset fixe n'a été identifié au Cambodge à ce jour, ce qui est étonnant car de telles structures, des foyers, laissent nécessairement des traces et devraient être aisément identifiables en fouilles. Mais il faut supposer que nous n'avons pas encore fouillé au bon endroit, ou que les structures étaient trop dégradées pour être clairement identifiées, car leur existence est en revanche attestée à plusieurs reprises par les bas-reliefs.

Les deux premiers exemples ont été identifiés au Baphuon (fig. 3, 4b et 4c) et sont donc attribuables au XIe siècle A. D. Bien qu'aucune flamme ne soit représentée, l'identification de *kuṇḍa* apparentés aux creusets fixes indiens est assez évidente. Dans les deux cas, un officiant procède à une cérémonie : assis sur un tabouret, il dépose une oblation dans le creuset. On notera que curieusement, la scène ne semble pas se dérouler dans un temple, mais dans la forêt.

Plusieurs rituels du Feu sont également représentés dans les bas-reliefs des temples de Jayavarman VII (XII-XIIIe s. A. D.).

À Banteay Chmar, la scène se déroule cette fois dans un pavillon (fig. 4d), mais le creuset est très différent de la forme traditionnelle que nous avons évoquée plus haut et que l'on a retrouvée au Baphuon. Il est composé d'une base parallélépipédique à un ou deux niveaux, surmontée de deux lotus épanouis superposés, le premier ouvert vers le bas, et le second – qui constituait probablement le réceptacle proprement dit – vers le haut. Sa taille permet de supposer qu'il s'agissait d'un creuset fixe. Quoi qu'il en soit, sa destination est encore une fois clairement identifiable grâce aux flammes émergeant du creuset. Pour inhabituelle que soit sa forme elle n'est pourtant pas très surprenante car plusieurs types de creusets sont enregistrés dans les traités de rituel, en fonction du résultat visé, et la description qui en est donnée laisse souvent place à l'interprétation. Ainsi, le *Mṛgendrāgama* par exemple prescrit un creuset en forme de lotus, pour obtenir argent, longévité, beauté et richesse (Kp VI.46-49, H. BRUNNER-LACHAUX, 1985, p. 125-126) ; il est possible que la forme de celui de Banteay Chmar réponde à ce type de prescription.

Au Bayon, quatre *kuṇḍa* fixes ont également été identifiés, tous dans des bas-reliefs situés dans la partie sud-est des deuxième et troisième enceintes, c'est-à-dire dans la direction de l'espace régie par Agni, le Feu. La forme

de largeurs décroissantes depuis le centre [...]. Pour les rituels spéciaux, elle a une forme variable qui dépend du but que l'on cherche à atteindre ; pour le rituel quotidien (de Śivāgni) elle est cubique, et elle a une coudée de côté. Il existe des *kuṇḍa* mobiles, petits récipients de métal où peut se faire le rituel du Feu. À défaut de *kuṇḍa* le Feu peut être allumé sur une aire spécialement préparée (*sthaṇḍila*) » (H. BRUNNER-LACHAUX, 1963, p. 231-232, n. 8).

Fig. 3. – Rituels du Feu ; Baphuon, bas-reliefs du gopura II Est ; xie siècle A. D. (cliché : P. Royère).

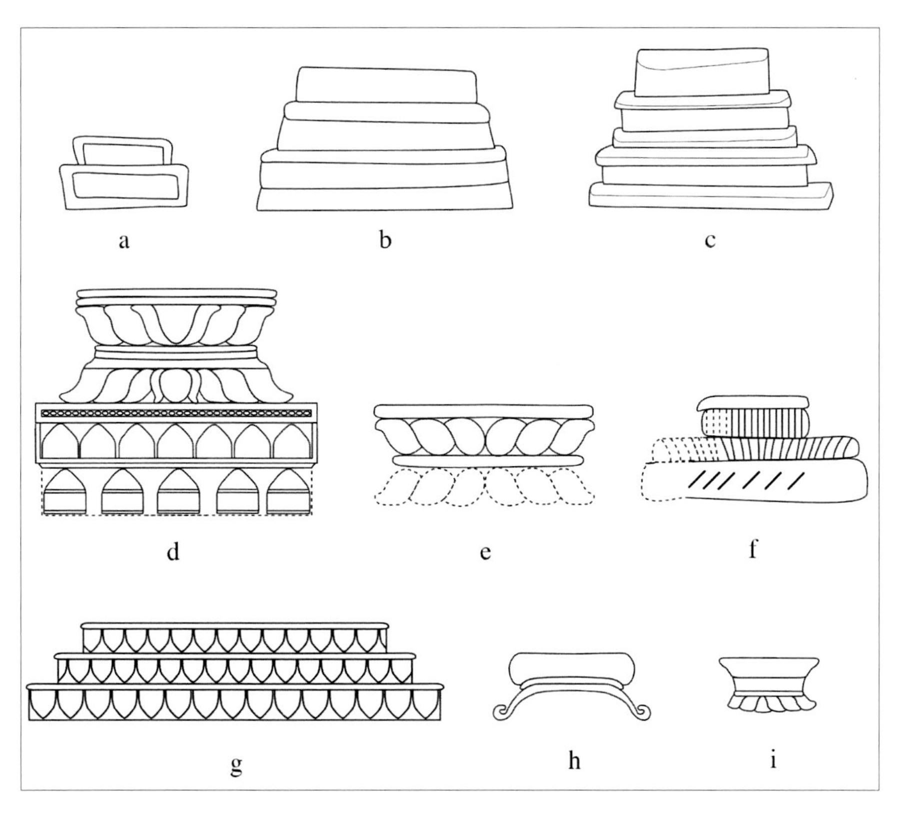

Fig. 4. – Profils des creusets khmers représentés en bas-relief : a, e, f, g, h : Bayon ; b, c : Baphuon ; d, i : Banteay Chmar (cf. D. Soutif, 2009, ill. 166-179, p. LXXXII-LXXXIX).

du premier est assez proche de celui de Banteay Chmar (fig. 4e). Le second est plus traditionnel. Il s'agit en effet d'un creuset pyramidal à trois degrés, conforme, de ce point de vue, à la tradition indienne (fig. 4g). Ce qui est plus exceptionnel, c'est sa très grande taille, si l'on se réfère à celle des quelque huit officiants qui s'en approchent pour y verser des oblations. Deux d'entre eux ont même pour cela gravi les degrés du *kuṇḍa*, ce qui ne correspond pas à la procédure d'un rituel du Feu traditionnel et il devait donc s'agir d'une cérémonie exceptionnelle. Le troisième *kuṇḍa* identifié au Bayon comprend apparemment quatre ceintures et se rapproche de ceux du Baphuon, bien qu'un peu plus ornementé (fig. 4f)[8].

Le quatrième est de plus petite taille et, bien qu'il ne comporte que deux degrés, la scène se rapproche plus d'un rituel du Feu tel qu'on peut l'observer dans un temple indien (fig. 4a et 5). On notera toutefois que la cérémonie n'est pas un rituel ordinaire. L'officiant est en effet représenté alors qu'il vient de se trancher trois doigts de la main gauche que l'on voit tomber dans le Feu. Ce choix d'oblation est pour le moins singulier et ne répond pas à une prescription classique des traités de rituel. À notre connaissance, la scène représentée n'a pas permis pour l'instant de déterminer ce qui a pu motiver ce sacrifice.

Enfin, il faut évoquer un étrange objet que l'on pourrait situer à mi-chemin entre les creusets fixes et mobiles. Il s'agit d'une cuve en grès conservée au Musée national du Cambodge sous le numéro *ka* 442 (fig. 6) qui fut découverte à Sambor Prei Kuk. Cet objet est qualifié d'« autel » par Louis Finot (1928, p. 43) et de « socle » par Cœdès (*IC* I, p. 255), mais aucune de ces appellations ne nous semble appropriée. Sa partie supérieure comporte un gradin de petite taille, que l'on pourrait d'abord interpréter comme une feuillure destinée à accueillir un couvercle aujourd'hui disparu. Cependant, on peut également penser que cet objet est un creuset à deux ceintures, comparable à celui qui est représenté en bas-relief au Bayon. La ceinture supérieure est très petite et cette identification est donc incertaine. On notera cependant que le fond de la cuve, fortement noirci, semble effectivement avoir accueilli un foyer. Par ailleurs, une inscription sanskrite répétée sur ses quatre faces latérales proclame : *oṁ jaiminaye svāhā*, « OṀ ! Salut à Jaimini ! ». Or, comme l'a remarqué Gerdi Gerschheimer, « Svāhā est l'interjection dont s'accompagne l'oblation ; personnifiée, elle est la

8. Je tiens à remercier ici Christophe Pottier qui m'a signalé ce dernier creuset, qui n'est visible que depuis la restauration de ce bas-relief par l'équipe de JASA (Japanese-Apsara for Safeguarding Angkor).

Fig. 6. – Creuset (?) inscrit (K. 609 = K. 942) ; grès ; provenant de Sambor Prei Kuk ; période préangkorienne (MNPP *ka* 442 ; cliché : EFEO AMPP 1469).

Fig. 5. – Détail d'un rituel du Feu ; Bayon, bas-reliefs de deuxième enceinte, galerie Est, partie méridionale ; XII-XIIIe siècle A. D. (cliché : D. Soutif).

femme d'Agni, le Feu »[9]. Il s'agirait alors d'un des premiers exemples de creusets connus, cette inscription étant clairement attribuable à l'époque préangkorienne.

Ainsi, l'existence de *kuṇḍa* fixes au Cambodge ne fait aucun doute. Cependant, la solution des creusets mobiles semble également avoir été adoptée ponctuellement.

Leur usage est en effet encore une fois attesté dans des bas-reliefs du Bayon et de Banteay Chmar, dans le cadre particulier de processions au cours desquelles se déroulaient des rituels du Feu[10]. Dans les deux cas, les creusets ne sont pas disposés sur des palanquins comme pour la procession du Feu sacré représentée à Angkor Vat, mais sur la tête d'un éléphant, un officiant installé sur son dos célébrant la cérémonie (fig. 7). On notera qu'au Bayon comme à Banteay Chmar, un rituel du Feu avec creuset fixe est représenté sur le registre supérieur des bas-reliefs, juste au-dessus de cette procession. Il paraît donc vraisemblable que ces scènes soient liées et se rapportent au même type d'événement.

Au Bayon, le creuset est un vase assez simple, apparemment une sorte de chaudron large et plat à panse convexe ; il était disposé sur un support dont les pieds en volutes constituent le seul élément original (fig. 4h).

Le vase de Banteay Chmar est d'un tout autre type. Il est d'abord manifestement de plus petite taille et repose sur une base lotiforme. La panse du récipient est concave et se divise en deux parties, l'évasement de la partie supérieure étant plus accentué (fig. 4i).

9. Gerdi Gerschheimer note également : « Quant à Jaimini, c'est le nom d'un (ou de plusieurs) sage(s) de l'Inde védique ou brahmanique, qu'on retrouve au Cambodge dans trois autres inscriptions. » ; il s'agit des inscriptions K. 851 (VIIe s. A. D. ; *IC* I, p. 255), K. 895 (IX-Xe s. A. D. ; estampage EFEO n. 1166) et K. 1216 (VII-VIIIe s. A. D. ; S. VONG, 2003, p. 47). Le lien de l'inscription K. 609 – et donc de notre cuve – avec le culte du Feu est confirmé par le socle portant l'inscription K. 851 qui porte la même formule d'oblation, accompagnée de la précision *āgneya*, « sud-est » qui, comme l'a souligné K. Bhattacharya, correspond à la direction d'Agni, le Feu (1961, p. 150).

10. On notera que, s'il n'est pas étonnant que les creusets fixes ne soient pas évoqués dans les listes de biens, on pourrait s'attendre en revanche à y voir figurer les *kuṇḍa* mobiles. Il semble que ce ne soit pas le cas, à moins de supposer qu'ils étaient désignés par un autre terme. On rappellera pourtant que des dérivés de *kuṇḍa* apparaissent dans ces énumérations. C'est le cas notamment des mots *kunti*, *kuntikā*, et l'on pourra même y ajouter une occurrence de *kund(a/i)ka* qui désigne un objet en or dans l'inscription K. 697 (B, l. 7 ; IX-Xe s. A. D. ; *IC* VII, p. 94 ; estampage EFEO n. 1349 B). Cependant, on sait que *kuṇḍī* désigne encore en khmer moderne « un pot, une cruche », sens qu'il peut également prendre en sanskrit. Il nous semble donc imprudent d'affirmer qu'il prenait le sens technique de « creuset » à date ancienne.

Fig. 7. – Détail du rituel du Feu en procession du registre inférieur ; Banteay Chmar, bas-reliefs de troisième enceinte, galerie Est, partie septentrionale ; xii-xiiie siècle A. D. (cliché : D. Soutif).

Fig. 8. – Vase inscrit (K. 1219) et support tripode ; bronze ; vase : H. 14,8 cm, diam. max. 24 cm ; tripode : H. 24,5 cm, diam. max. 26 cm ; provenance inconnue ; 1089 *śaka* (cliché EFEO CIK_K1219 - 5).

À notre connaissance, aucun exemple de *kuṇḍa* mobile n'a été formellement identifié dans le mobilier exhumé au Cambodge. Pourtant, il nous semble que le petit vase en bronze muni de deux anneaux de préhension qui porte l'inscription K. 1219 n'est pas sans évoquer un petit brasero et présente une certaine ressemblance avec celui de Banteay Chmar (fig. 8).

Il s'agissait d'une offrande royale effectuée en 1167 A. D. en faveur d'un sanctuaire bouddhique (D. Soutif, 2009, p. 602-606). Malheureusement, cet objet a été retrouvé sur le marché de l'art et nous ne disposons donc d'aucun élément pour étayer cette hypothèse. Nous ne pourrions même pas garantir que le trépied sur lequel il est présenté depuis sa « découverte » lui était associé à l'origine ; la différence de patine entre les deux objets pouvant même inciter à penser le contraire[11].

En ce qui concerne les ustensiles de culte proprement dits, les bas-reliefs ne sont en revanche pas d'un grand secours. Aussi précis soient-ils, ils ne le sont pas suffisamment pour des objets de petite taille et il était donc dans un premier temps indispensable de recourir aux inscriptions et plus particulièrement aux interminables listes de donations de biens effectuées en faveur des divinités qui nous sont parvenues (cf. par ex. K. 947, D. Soutif, 2009, p. 533-540). Ce type de documents, pour aride qu'il puisse sembler, est en effet très précieux pour les archéologues, puisqu'on y retrouve entre autre en filigrane les activités des sanctuaires au travers des biens et denrées qui étaient mis à leur disposition.

Pour le sujet qui nous intéresse, une inscription très précise datant de la fin du XIe siècle est particulièrement précieuse car elle détaille une dotation effectuée précisément en faveur du Feu sacré et qui comprend notamment des serviteurs, des denrées et des objets de culte (K. 258, face A, l. 57-60 ; 1069 A. D. ; *IC* IV, p. 181, 197). Une partie de cet équipement n'est d'ailleurs pas spécifique à ce rituel. Les vases à eau de bienvenue, les vases à eau pour les pieds, ainsi que les lampes et encensoirs sont en effet indispensables à la célébration des sacrements liés à l'installation du Feu ; ils sont cependant identiques aux vases utilisés dans d'autres étapes du culte quotidien (D. Soutif, 2009, p. 180-217).

Pourtant, on peut identifier dans cette liste plusieurs objets désignés par des termes techniques spécifiquement associés au rituel du Feu. Nous nous intéresserons ici à deux d'entre eux, *sruc* (~ *sruk*) et *sruva* (~ *sruv*), qui désignent respectivement la petite et la grande cuillère à oblation. Ces objets

11. Il serait pourtant intéressant que vase et trépieds soient effectivement associés et dédiés au rituel du Feu. En effet, ce modèle de trépied est très bien attesté en Inde du Sud et au Sri Lanka à date ancienne. Il est peu probable qu'il ne s'agisse que d'une copie d'un modèle indien et il faut donc considérer que le trépied, et peut-être le vase, ont été importés. L'inscription en khmer que porte le vase ne s'oppose pas à cette hypothèse puisqu'il semble qu'elle fut gravée après que le vase fut terminé, et peut-être après son arrivée au Cambodge s'il s'agit d'un import. Ceci apporterait une nouvelle preuve qu'en plus des pratiques cultuelles indiennes, ce sont également les ustensiles qui les équipaient qui étaient parfois importés (je tiens à remercier ici Brice Vincent, qui a attiré mon attention sur ce sujet).

FIG. 9. – Rituel du Feu au cours d'une initiation śivaïte à Cuddalore ; cliché : D. Goodall (EFEO).

ne sont cités que dans trois inscriptions khmères – parmi les plus complètes, il faut le reconnaître – et y sont à chaque fois énumérés l'un après l'autre[12]. Il s'agit d'un regroupement pertinent car ces objets sont prévus pour être utilisés simultanément. La grosse cuillère étant remplie de beurre clarifié, la petite est disposée au-dessus et à l'envers et on laisse s'écouler dans le Feu un filet de beurre clarifié entre les deux cuillerons (fig. 9).

12. K. 366 (face b, l. 27-28 ; 1139 A. D. ; *IC* V, p. 291, 294), K. 669 (face C, l. 22 ; 972 A. D. ; *IC* I, p. 170, 184) et K. 258 (face A, l. 60 ; 1096 A. D. ; *IC* IV, p. 181, 193). Dans le dernier exemple, Cœdès lisait *sruc śuci* au début de la ligne 60. Il faut reconnaître que l'estampage EFEO n. 376 est difficile à déchiffrer, mais il nous semble qu'il faut plutôt lire *sruva śruci*, comme dans l'inscription K. 366. Le caractère que nous interprétons comme un *r* souscrit pourrait être un *ū*. Il faudrait alors lire *śūci*. Cependant, cette lecture est peu probable, et la lecture de Cœdès – qui lui posait d'ailleurs un problème de traduction – n'en reste pas moins erronée.

Les données des traités de rituel permettent de se faire une idée assez précise de ces objets qui sont d'ailleurs semblables aux cuillères utilisées en Inde aujourd'hui (fig. 10 droite). Jusqu'à présent, nous ne pouvions que supposer que c'était également le cas des modèles khmers angkoriens. Une différence notable doit pourtant être signalée : dans les inscriptions khmères où les termes *sruc* et *sruva* apparaissent, ces termes désignent des objets en métal, respectivement en cuivre, en argent et en bronze, ce qui est pour une fois contradictoire avec les sources sanskrites qui s'accordent sur le fait qu'elles doivent être façonnées en bois[13].

Cette prescription explique que l'on n'en ait pas retrouvé en fouille et c'est peut-être également la raison pour laquelle ces objets sont aussi peu représentés dans les listes de biens, dans lesquelles seuls les objets précieux sont énumérés. Les exemples en bronze, cuivre et argent que nous avons relevés étaient donc sans doute assez marginaux, la volonté de doter richement les divinités allant cette fois à l'encontre des enseignements théoriques indiens, fait assez rare au Cambodge où ces prescriptions étaient, dans l'ensemble, scrupuleusement suivies.

Cette liberté prise dans le choix des matériaux par les artisans et les officiants khmers s'est avérée heureuse puisqu'elle a permis à une paire de ces cuillères de parvenir récemment jusqu'à nous (fig. 10 gauche). La provenance de ces deux objets – qui appartiennent aujourd'hui à une collection privée – est malheureusement inconnue puisqu'ils sont apparus sur le marché de l'art. Cependant, même si leur décor assez sobre les rend difficiles à dater, il est suffisant pour les rattacher à l'art khmer angkorien. Ces cuillères prouvent, si c'était nécessaire, leur conformité en forme, taille et proportion avec leurs équivalents indiens.

Enfin, encore plus récemment, une autre découverte regardant ce sujet a été faite sur les fouilles de la partie sacrée de l'*āśrama* de Prasat Komnap Sud, un monastère viṣṇuite datant de la fin du IXe siècle étudié depuis 2010 par le programme de recherche *Yaśodharāśrama*. En dégageant les abords du bâtiment principal inédit, nous avons en effet pu identifier de longs bâtiments annexes dont l'un au nord, dans lequel un petit cuilleron en bronze a été mis au jour dans ce qui semble correspondre à la phase d'abandon de ce bâtiment (fig. 11 ; J. ESTÈVE et D. SOUTIF, 2012). Sa forme singulière nous a incité à le rapprocher des deux objets présentés précédemment et même plus spécifiquement à l'identifier au cuilleron d'une petite cuillère à oblation de type *sruc*. On notera que le fait que sa surface intérieure soit

13. Par ex. *Mṛgendrāgama* Kp VI.33-40a, H. BRUNNER-LACHAUX, 1985, p. 114-117 ou *Dīptāgama* 94.52-90ab, B. DAGENS *et al.*, 2009.

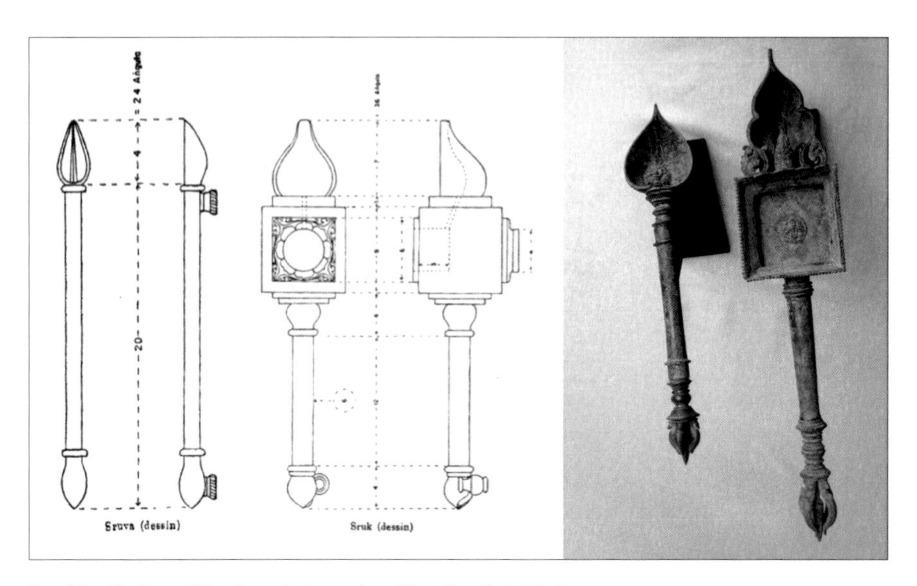

FIG. 10. – Petite cuillère (*sruva*) et grande cuillère (*sruk*) à oblation :
– à droite : d'après le *Mṛgendrāgama* (N. R. BHATT, 1962, face aux pages 66, 67).
– à gauche : collection privée ; bronze ; L. 40 cm, l. (au niveau du bol) 9,5 cm, ép. (au niveau du bol). 5 cm et L. 30 cm, l. (au niveau du bol) 6 cm, ép. (au niveau du bol) 4.5 cm ; provenance inconnue (cliché aimablement fourni par le propriétaire).

FIG. 11. – Cuilleron ; bronze ; L. 7,5 cm, l. 5,2 cm, ép. 0,5 cm ; Prasat Komnap Sud ; période angkorienne (cliché : D. Soutif).

recouverte de restes carbonisés encourage cette identification. Des analyses de son contenu sont en cours afin d'identifier la nature de ces restes et d'en effectuer une datation radiocarbone.

Ainsi, voici comment le croisement de sources variées – iconographie, épigraphie, fouilles archéologiques et même analyses chimiques – permet de se donner une idée plus précise de la culture matérielle du Cambodge ancien et, à travers elle, des activités qui prenaient place sur le site d'Angkor. Naturellement, il reste beaucoup à faire, ne serait-ce que pour le seul culte du Feu. De nombreuses données et indices concernant le personnel qui lui était affecté, par exemple, ou encore les infrastructures qui l'accueillaient ne sont qu'incomplètement exploités et attendent la lecture d'inscriptions inédites ou le résultat de nouvelles fouilles pour prendre tout leur sens, mais la dynamique scientifique qui règne non seulement à Angkor mais plus généralement au Cambodge et qui associe des chercheurs de tous horizons et de toutes spécialités laisse présager à court terme de nombreux résultats.

Dominique Soutif

*

* *

BIBLIOGRAPHIE

Auguste Barth, 1885, *Inscriptions sanscrites du Cambodge* (extraits des notices et extraits des manuscrits de la Bibliothèque nationale 27, 1re partie, 1er fascicule), Paris, Imprimerie nationale, p. 1-180.

Niddodi Ramacandra Bhatt, 1962, *Mṛgendrāgama (Kriyāpāda et Caryāpāda) avec le commentaire de Bhatta Nārāyanakantha*, éd. critique, Pondichéry, Institut français d'Indologie.

Kamaleswar Bhattacharya, 1961, *Les religions brahmaniques dans l'ancien Cambodge, d'après l'épigraphie et l'iconographie*, Paris, EFEO.

Hélène Brunner-Lachaux, 1963-98, *Somaśambhupaddhati* [texte, traduction du sanskrit et notes], 4 vol., Pondichéry, [vol. I : Rituel quotidien, 1963 ; vol. II : Rituels occasionnels (I), 1968 ; vol. III : Rituels occasionnels (II), 1977, vol. IV : Rituels optionnels, 1998].

—, 1985, *Mṛgendrāgama, Section des Rites et Section du Comportement avec la vṛtti de Bhaṭṭanārāyaṇakaṇṭha* [traduction du sanskrit, introduction et notes], Pondichéry, Institut de Civilisation indienne.

Bruno Dagens et Marie-Luce Barazer-Billoret, 2000, *Le Rauravāgama* : un traité de rituel et de doctrine śivaïte, Pondichéry, Institut français de Pondichéry.

Bruno Dagens, Marie-Luce Barazer-Billoret et Vincent Lefèvre, 2004-2009, *Dīptāgama*, éd. critique, 3 tomes (avec la collaboration de S. Sambandha

Śivācārya et de Ch. Barois), Pondichéry, Institut français de Pondichéry.

Julia Estève et Dominique Soutif, 2012, « Yaçodharâçrama – Rapport de la campagne 2012 », Siem Reap, EFEO.

Louis Finot, 1928, « Nouvelles inscriptions du Cambodge », *Bulletin de l'École française d'Extrême-Orient* 28/1-2, p. 43-80.

George Groslier, 1921, *Recherches sur les Cambodgiens*, Paris, Augustin Challamel.

IC : George Cœdès, 1937-66, *Inscriptions du Cambodge* (8 vol.), Hanoi et Paris, EFEO.

Adhémar Leclère, 1907, *La crémation et les rites funéraires au Cambodge*, Hanoï, Schneider.

Saveros Pou, 1983, « À propos de ramas bhloen ou "rhinocéros du Feu" », *Seksa Khmer* 6, p. 3-9.

Dominique Soutif, 2009, « Organisation religieuse et profane du temple khmer du viie au xiiie siècle », thèse de doctorat sous la direction de Michel Jacq-Hergoualc'h, Université Paris III Sorbonne nouvelle, 3 vol.

Sotheara Vong, 2003, *Silācāriḳ nai prades Kambujā samăy mun Aṅgar, 1, Atthapad pak prae, rīep rīeṅ niṅ atthādhippāy* [*Inscriptions préangkoriennes du Cambodge, 1, textes traduits, compilés et commentés*], (en khmer) Phnom Penh, Université royale de Phnom Penh, Faculté de sociologie et de sciences humaines, département d'histoire.

Sa Majesté Norodom Sihamoni, Roi du Cambodge, et M. Jacques Gaucher.
Photo : Brigitte Eymann © Académie des Inscriptions et Belles-Lettres.

L'ENCEINTE D'ANGKOR THOM : ARCHÉOLOGIE D'UNE FORME, CHRONOLOGIE D'UNE VILLE

Angkor Thom – en khmer, la « Grande Ville » – est la figure centrale du site d'Angkor. Elle est la ville-centre d'une agglomération rendue singulière par son étendue, le nombre et la monumentalité de ses temples ainsi que par la présence de plans d'eau dont le gigantisme ressortit davantage à une mesure géographique qu'à une échelle urbaine. Si, au cours du xxe siècle, les grandes formes architecturales visibles de cette ville-centre avaient focalisé l'attention des architectes, des historiens de l'art, des philologues et des épigraphistes, en revanche, recouverts par une forêt inhospitalière, les mille hectares qui constituent, hors-œuvre, l'étendue au sol de la Grande Ville avaient été négligés. De fait, la connaissance de l'histoire de la capitale khmère était privée de l'une de ses sources majeures. C'est pourquoi, depuis l'année 2000, avec le soutien du ministère français des Affaires étrangères et du Développement international (MAEDI), de l'École française d'Extrême-Orient (EFEO) et de l'Autorité nationale APSARA (Autorité pour la Protection du Site et l'Aménagement de la Région d'Angkor), nous y avons développé, au sein de la Mission archéologique française à Angkor Thom, un programme d'archéologie urbaine dont l'objet est l'étude, dans son étendue ainsi que dans la longue durée, de cette grande ville et dont la source première – non exclusive – est le dépôt archéologique que constitue le sol urbain.

Dans un premier temps, une étude systématique de ce dépôt a permis de rendre compte des modalités de structuration de ce sol et de sa surface. Elle est à l'origine de deux sources nouvelles. L'une est planimétrique avec le Nouveau Plan d'Angkor Thom (NPAT) à l'échelle du 1/2000 qui restitue l'organisation de l'espace urbain de la capitale tel qu'il apparaît dans son dernier état ; l'autre est sédimentaire et comprend plus de trois cents coupes pratiquées dans le sol urbain et présentées sous la forme de *logs*[1]. La deuxième phase est consacrée à une archéologie des formes urbaines majeures de la capitale aujourd'hui restituées en plan. Son objectif est de déterminer comment et dans quelle mesure ces formes, saisies dans leur dernier état, sont le produit de formes, de fonctionnements et de temporalités plus anciennes. Enfin, la troisième phase de ce programme, aujourd'hui en cours, nous conduit de l'histoire reconstituée de chacune de ces formes urbaines, locales, à leur intégration dans une synthèse, globale, à l'échelle de la capitale. L'enjeu est alors de produire un modèle explicatif de la formation du site d'Angkor Thom qui brossera, pour la première fois à partir d'un corpus de sources conséquent et diversifié, un tableau des grandes étapes de l'évolution d'un site, en l'occurrence de la suite de ses organisations morphologiques successives, des conditions de sa naissance à son abandon.

Une question

Dans l'élaboration de cette morphogenèse urbaine, la connaissance de l'enceinte d'Angkor Thom constitue une donnée prépondérante. Elle l'est d'autant plus que cet ouvrage de circonscription est le plus complexe jamais réalisé à Angkor et plus largement, dans le Cambodge ancien. Il s'impose à la fois par ses dimensions, par le nombre de ses composantes, par leur traitement architectural et plastique ainsi que par la diversité de ses fonctions. Sensiblement implanté selon les orients, l'ouvrage présente un tracé de plan approximativement carré de 3 km de côté. Son linéaire moyen est supérieur à 12 km ; sa largeur est de 225 m. Son emprise au sol présente une surface équivalente à 25 % de celle de la ville (fig. 1). Tel qu'il existe aujourd'hui, plus ou moins visible et partiellement résiduel, le système d'enceinte d'Angkor Thom peut être décomposé en trois sites englobants et englobés soit : une douve extérieure, parementée de gradins de latérite, désignée ici comme la Grande douve (D) ; un mur de latérite, doublé intra-muros d'une forme de glacis dont le sommet, qui affleure au faîte du mur (fig. 2), forme un chemin de ronde ; une seconde douve, intérieure (C) et également parementée de gradins de latérite, aujourd'hui partiellement comblée. Ces trois sites sont traversés en cinq endroits par les chaussées des avenues qui desservent les cinq portes urbaines de la ville. Quatre d'entre elles marquent les points cardinaux et renvoient au temple central de la capitale, le Bayon ; la cinquième, située sur le côté

1. Ces deux sources documentaires accompagnées de leurs premiers commentaires feront l'objet d'une publication, *Angkor Thom, Archéologie d'une ville*, dont la rédaction est actuellement en cours.

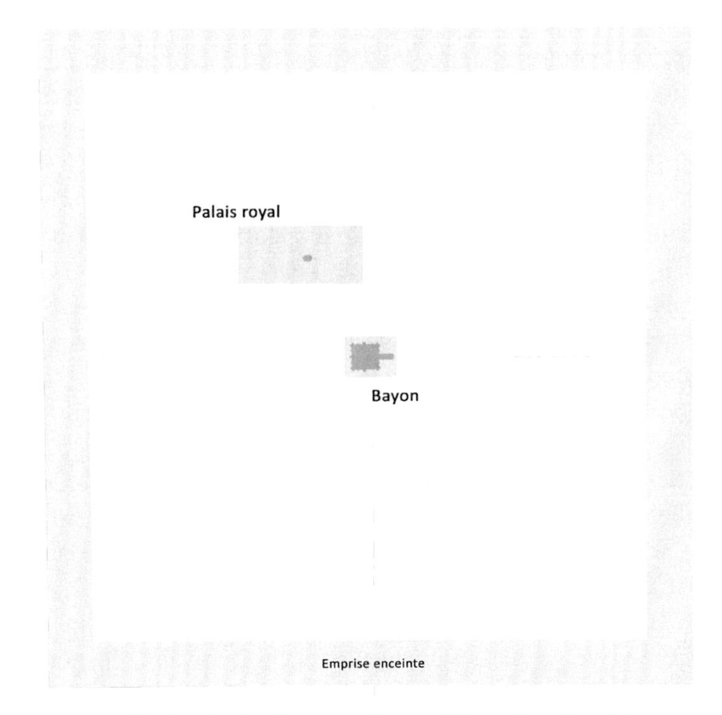

FIG. 1. – Angkor Thom, emprise au sol du système d'enceinte.

FIG. 2. – Grande douve extérieure, gradins, mur d'enceinte.

oriental, dessert le Palais royal tandis qu'aux quatre angles du quadrilatère urbain, les quatre temples d'angle, les Prasat Chrung, fixent les directions intercardinales de l'espace. Le franchissement de cette enceinte est dramatiquement mis en scène, d'une part, par la présence de visages monumentaux qui flanquent les hautes tours des portes urbaines et, d'autre part, par celle des corps alignés de dieux et de démons tenant fermement un reptile à sept têtes qui encadrent chaque chaussée-digue d'accès à la capitale. On y verra soit l'expression du célèbre mythe indien du barattage de la mer de lait, ici illustré en trois dimensions, soit l'assimilation du serpent balustrade à l'arc-en-ciel, pont symbolique qui relie alors, au-dessus de la douve océanique, le monde extérieur des hommes à celui, intra-muros des dieux[2].

Au XIXe siècle, les premiers découvreurs d'Angkor ont rendu compte des composantes de l'enceinte, à l'exception cependant de la douve intérieure, elle-même curieusement ignorée des deux seules descriptions historiques de la capitale faites, l'une par le Chinois Zhou Da Guan à la fin du XIIIe siècle[3], l'autre par le père capucin portugais Antonio da Madalena à la fin du XVIe siècle[4]. Cette douve intérieure fut découverte au cours des années 1930 par Victor Goloubew et Henri Marchal[5] tandis que Marchal et Jean Trouvé reconnurent en ses parties haute et basse, soit dans l'angle nord-est et dans l'angle sud-ouest, l'existence de canalisations de raccordement entre les douves extérieure et intérieure, existence relatée par le Père da Madalena. Ainsi se résumait brièvement l'apport de l'archéologie à la connaissance du système d'enceinte d'Angkor Thom. C'est à votre confrère épigraphiste George Cœdès que l'on doit, dans un article magistral daté de 1928, d'avoir fixé la date de sa construction[6]. À partir d'une étude de trois des quatre stèles des temples d'angle d'Angkor Thom, Cœdès montre que le mur, les portes de la ville, les quatre temples d'angle et le Bayon forment « le parti d'un plan cohérent dont toutes les parties se tiennent »[7]. Ce plan cohérent est le projet du roi Jayavarman VII, qui régna de 1181 jusque vers 1218, et qui

2. J. Boisselier, « La signification d'Angkor Thom », in *Angkor et dix siècles d'art khmer*, catalogue de l'exposition « Angkor et dix siècles d'art khmer », Galerie nationales du Grand Palais, Paris (31 janvier-26 mai 1997), H. I. Jessup et T. Zéphyr éd., Paris, Réunion des Musées nationaux, 1997.

3. P. Pelliot, *Mémoires sur les coutumes du Cambodge de Tcheou-Ta-Kouan (Œuvres posthumes de Paul Pelliot, t. III)*, Paris, Adrien Maisonneuve, 1997.

4. B.-Ph. Groslier, 1958, *Angkor et le Cambodge au XVIe siècle d'après les sources portugaises et espagnoles*, Paris, PUF, 1958.

5. V. Goloubew, « Recherches de M. Goloubew dans Aṅkor Thom », *BEFEO* 37/2 (*Chronique de l'année 1937*), 1937, p. 651-655.

6. G. Cœdès, « La date du Båyon », *BEFEO* 28, 1928, p. 82-103.

7. *Ibid.*, p. 94.

affirmait qu'au cours d'une fête somptueuse, il épousa la ville, qu'il nomme Yaśodharapuri, et célébra la hauteur du Jayagiri et la profondeur de la Jayasindhu, deux formes symboliques de la clôture de la terre représentées par la montagne et le grand océan et dont Cœdès établit qu'il s'agit respectivement du mur d'enceinte et de la Grande douve d'Angkor Thom.

Au-delà du type de dispositif qu'elle forme, toute enceinte urbaine est un système de circonscription et, en tant que telle, sa création est le marqueur d'une fondation ou d'une transformation urbaine significative. Avec l'enceinte monumentale d'Angkor Thom correspondant à un projet réalisé à la fin du XIIe siècle, c'est l'ensemble du site urbain qui fut alors interprété comme une fondation datée de cette époque. Il convient de souligner que la datation de cette enceinte par Cœdès est venue conclure la première partie d'un intense travail collectif qui a rassemblé l'ensemble des savants présents à Angkor pendant les trente premières années du XXe siècle. À l'origine de ces recherches, dont l'objet était la localisation de la première ville d'Angkor, se trouve l'inscription de Sdok Kak Thom[8], rédigée au milieu du XIesiècle et qui mentionne l'établissement par le roi sivaïte Yaśovarman Ier (889-env. 910) d'une première capitale royale: Yaśodharapura – toponyme qui sera usité à vingt-et-une reprises mais qui est inconnu des inscriptions datées du vivant du roi fondateur. Dans un premier temps, Yaśodharapura fut assimilée à Angkor Thom. Le sanctuaire central de la ville, le Bayon, était regardé comme le « mont central » ; implicitement, l'enceinte de la capitale, considérée comme contemporaine, était datée de la fin du IXe siècle. En 1927, Philippe Stern mit un terme définitif à cette affirmation en montrant que le Bayon ne pouvait avoir été édifié par le roi Yaśovarman Ier[9]. Un an après, Cœdès fixait précisément la date du Bayon et, avec elle, celle de l'enceinte d'Angkor Thom trois siècles plus tard, à la fin du XIIe siècle. Dès lors, Angkor Thom cessa d'être considérée comme Yaśodharapura, la première Angkor.

En 1933, une nouvelle hypothèse fut présentée par Goloubew[10]. À l'extérieur d'Angkor Thom, le tracé de deux levées plaçait la colline du Bakheng (fig. 3), au sommet de laquelle le temple du même nom était édifié par Yaśovarman Ier, au centre quasi géométrique d'un carré théorique dont les cotés nord et est manquent. Goloubew proposa alors la restitution d'une

8. L. Finot, « L'inscription de Sdok Kak Thom », *BEFEO* 15/2, 1915, p. 53-106.

9. Ph. Stern, *Le Bayon d'Angkor et l'évolution de l'art khmer. Étude et discussion de la chronologie des monuments khmers*, Paris, Geuthner, 1927.

10. V. Goloubew, « Le Phnom Bàkhen et la ville de Yaśovarman », *BEFEO* 33, 1933, p. 319-343.

nouvelle Yaśodharapura, ville de plan carré de quatre kilomètres de côté, dont l'étendue se superposait alors à la moitié sud de la future Angkor Thom. Cette hypothèse, hardie, fut saluée et admise – peut-être par lassitude ! – par la communauté scientifique comme « définitive », à l'exception de Bernard-Philippe Groslier qui le premier la rejeta catégoriquement. Groslier entend alors Yaśodharapura non plus comme une figure discrète mais davantage comme la forme générale du site d'Angkor. Placée dans le paysage urbain de la seconde partie du XIIe siècle, l'enceinte d'Angkor Thom fait alors irruption dans ce site trois cents ans après sa fondation en circonscrivant géométriquement la partie centrale d'une agglomération essentiellement connue par ses constructions monumentales périphériques[11]. Une telle contexture posait alors la question de la nature véritable de l'ouvrage commandité par Jayavarman VII à la fin du XIIe siècle : s'agissait-il du projet d'édification d'un premier dispositif d'enceinte au centre de l'agglomération d'Angkor ou de la rénovation, jugée alors nécessaire, d'un dispositif préexistant, celui d'une cité close plus ancienne ?

Trois états du site

Du point de vue de la pratique archéologique, compte tenu des contraintes imposées par la densité du couvert végétal et par les dimensions de l'enceinte d'Angkor, deux techniques archéologiques complémentaires ont été utilisées : la fouille stratigraphique traditionnelle sous la forme de sondages et la technique du carottage. Le principe a alors consisté à fonder un raisonnement archéologique à partir de la réalisation d'une coupe stratigraphique, SE12, pratiquée dans la largeur de l'enceinte, puis à mesurer sa représentativité par rapport à son linéaire par une série de sondages et de profils complémentaires. Concernant la coupe SE12[12] proprement dite, ici représentée schématiquement en raison de sa dimension (fig. 4), l'ensemble du profil transversal de l'enceinte a fait l'objet de fouilles stratigraphiques à l'exception des quarante mètres de la partie la plus épaisse du glacis pour lesquels la stratification archéologique a été précisée par une série de carottages. Cette coupe, pratiquée intra-muros et extra-muros de part et

11. Les travaux de Groslier (B.-Ph. Groslier, « La cité hydraulique angkorienne: exploitation ou surexploitation du sol ? », *BEFEO* 66, 1979, p. 161-202), ceux de Christophe Pottier (Ch. Pottier, « À la recherche de Goloupura », *BEFEO* 87/1, 2000, p.79-107), les nôtres dans Angkor Thom (J. Gaucher, « Angkor Thom, une utopie réalisée ? Structuration de l'espace et modèle d'urbanisme dans le Cambodge ancien », *Arts asiatiques* 59, 2004, p.58-86) n'ont apporté aucun crédit à l'hypothèse de Goloubew.

12. La coupe SE12 a été située, pour des raisons d'ordre pratique, sur le côté oriental d'Angkor Thom, à 560 m de l'angle sud-est.

FIG. 3. – Angkor Thom, côté sud de la Grande douve, Phnom Bakheng (à gauche).

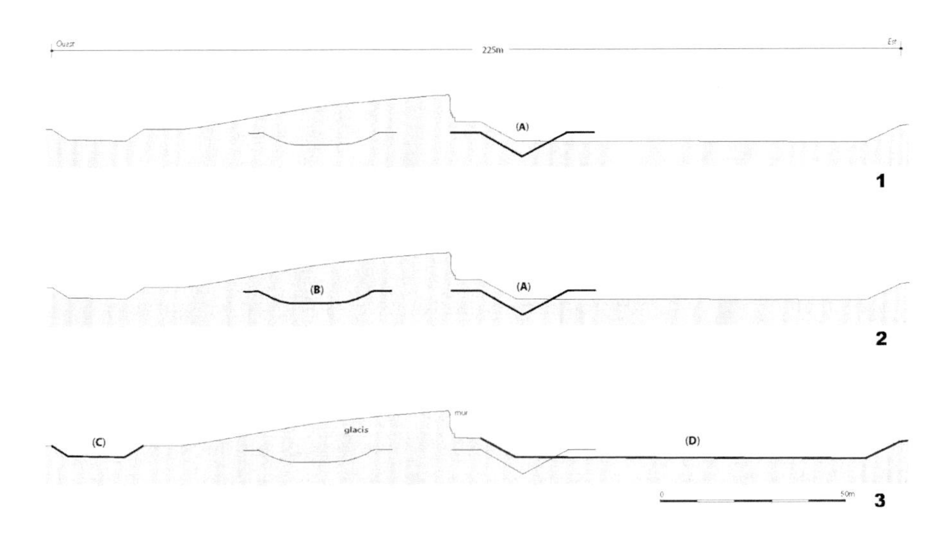

FIG. 4. – Angkor Thom, système d'enceinte, composantes hydrauliques des trois périodes successives : (1) du IXe siècle au début du Xe siècle ; (2) des alentours de l'an 1000 à la fin du XIIe siècle ; (3) du début du XIIIe siècles aux XVe-XVIe siècles.

d'autre du mur d'enceinte, présente un caractère emblématique. Elle fait apparaître que le corps de cette enceinte n'est pas une masse homogène mais qu'il enferme les traces d'une série d'ouvrages et d'occupations dont l'ordre de leur succession permet de distinguer trois grandes périodes et, à l'intérieur de ces périodes, quatre phases.

Les ouvrages qui précèdent *in situ* la création de l'actuelle enceinte apparaissent largement de même nature que cette dernière. Ce sont, d'une part, des structures creuses que l'on peut considérer comme des réalisations de type canal, fossé d'enceinte, douve, et des structures saillantes, élévations de terre dont certaines résultent d'une accumulation d'occupations stratifiées, tandis que d'autres matérialisent des remblais rapportés. Sur le site considéré, les questions soulevées par l'interprétation archéologique de ces divers types de stratification sont nombreuses et diverses et il n'est ici question que de la description des vestiges mis au jour et de l'interprétation chronologique que l'on peut aujourd'hui en faire. La chronologie archéologique des formes urbaines et de la formation d'une ville n'est pas une donnée qui s'obtient de manière mécanique. Elle est en partie, et en fonction des sources, une construction par défaut, une restriction progressive du champ des temporalités possibles. Elle ne s'opère que sur la base de consensus, voire de compromis, au sens noble du terme, entre les données planimétriques, les inférences d'ordre stratigraphique, les logiques fonctionnelles, les intervalles des datations absolues fournies par le radiocarbone, l'étude du matériel céramique pour l'essentiel chinois et khmer, ce dernier nécessitant l'établissement d'une chronotypologie, à ce jour, inexistante[13] ; autant de données matérielles qu'il convient, une fois rassemblées, de confronter à l'appareil épigraphique.

Du IXe siècle au début du Xe siècle

Les premiers aménagements pratiqués sur le site ont pris place essentiellement à l'extérieur de l'actuel mur d'enceinte, absent à leur époque. Il s'agit, d'une part, d'une structure hydraulique (A) (fig. 4.1), qui a connu deux grands états de fonctionnement, et, d'autre part, de la formation d'une élévation de terre sur sa rive intérieure, occidentale, à l'intérieur de laquelle l'on peut reconnaître trois états successifs.

Au cours d'une première phase, cette structure hydraulique s'apparente à une forme de canal (A1) d'une largeur d'environ vingt mètres et d'une

13. Au sein de la MAFA, cette chronotypologie de la céramique khmère d'Angkor Thom est établie en collaboration avec Philippe Husi, céramologue (CNRS-LAT), assisté de Kannitha Lim.

FIG. 5. – Fossé d'enceinte (A2), gradins de la Grande douve.

profondeur maximale de trois mètres. La rive occidentale originelle de ce canal est située à neuf mètres du tracé du mur d'enceinte actuel et lui est parallèle. Son niveau se situe près de trois mètres sous celui de l'assise de fondation du mur. Sur le sol naturel de sa rive et sur une très faible épaisseur, charbons de bois et tessons constituent les traces principales d'une première occupation du site. La datation des premiers par le radiocarbone indique une période allant de la fin du VIIe siècle à la fin du IXe siècle[14] ; le matériel céramique, uniquement khmer, est constitué, en faible quantité, de tessons réputés « préangkoriens », soit antérieurs au IXe siècle. On situera raisonnablement cette première occupation au cours de ce IXe siècle.

Une seconde phase voit la transformation du canal (A1) en un fossé (fig. 5). Observé en plusieurs endroits, le profil de ce fossé indique que le fond du canal (A1) a été intentionnellement creusé de manière conséquente. En SE12, avec cette forme de « cunette », le fossé présente une profondeur de 5,50 m. À ce fossé (A2) peuvent être associés son comblement et, sur sa rive, un nouvel exhaussement. Le fossé (A2) a été vraisemblablement partiellement comblé puis a été curé ; ce curage a laissé en partie inférieure

14. L'intervalle fourni par le radiocarbone est 692-892 ap. J.-C. (code Ly-15044 ; âge ^{14}C BP : -1210 ± 35).

le fond de ce comblement, en l'occurrence des sédiments de type fluviatile auxquels se mêlent tessons et cailloux très érodés. Le matériel de ce comblement est comparable à celui du corps de l'exhaussement précédemment mentionné.

La rive intérieure de (A2) (fig. 6) montre un exhaussement d'environ 1,90 m de hauteur par rapport au terrain naturel, stratifié et qui peut être décomposé en deux parties inégales : (1) une partie principale qui comprend un matériel identique au dépôt antérieur mais sans trace de tessons préangkoriens et qui est également datée par le radiocarbone de la fin du VIIe siècle à la fin du IXe siècle[15] ; (2) la partie supérieure de cette élévation, d'une quarantaine de centimètres environ, qui révèle un matériel de nature identique au précédent mais réparti selon des proportions différentes qui suggèrent une continuité temporelle.

La séquence de la première période proposée indique une datation théorique comprise entre la fin du VIIe siècle et le début du Xe siècle, une datation sage entre le courant du IXe et le début du Xe siècle. Au cours du IXe siècle, cette séquence voit successivement le creusement d'un canal accompagné d'une faible occupation sur sa rive intérieure, puis à partir de la fin du IXe siècle/début du Xe siècle, la mise en œuvre d'un projet nouveau qui apparaît sous trois formes : la transformation du canal en un fossé profond, son comblement, qui révèle que ce fossé est soit alimenté par une rivière, soit qu'il en est le cours canalisé, et un exhaussement important de sa rive.

Des alentours de l'an 1000 à la fin du XIIe siècle

Trois opérations, dont la complémentarité laisse suggérer qu'elles rendent compte d'un projet d'ensemble, apparaissent au cours du XIe siècle. Le fossé d'enceinte (A2) est curé ; ce curage n'est pas complet et demeurent, au fond, les traces précédemment évoquées de son premier comblement. Au cours des XIe et XIIe siècles, ce fossé sera ensuite partiellement colmaté par un nouveau comblement. À l'ouest du fossé d'enceinte, c'est-à-dire à l'intérieur du site d'Angkor Thom, une nouvelle structure hydraulique est créée. Il s'agit d'une douve (B), dont le profil et la nature spécifique de son comblement ont été retrouvés sur les quatre côtés de la ville (fig. 4. 2). Sa largeur est d'environ 35 m ; sa profondeur maximale est de 2,50 m. Enfin, l'élévation de la rive ouest du fossé d'enceinte (A2) est de nouveau exhaussée, cette fois, par un remblai rapporté. Recouverte et élargie, elle forme une

15. L'intervalle indiqué par le radiocarbone est 686-884 ap. J.-C. (code Ly-15066 ; âge 14^C BP : -1235 ± 30).

Fig. 6. – Rive originelle du fossé (A1), exhaussement de la rive du fossé (A), mur d'enceinte et fondation de sable.

nouvelle levée située désormais entre le fossé d'enceinte et la nouvelle douve.

Au cours de cette période, les comblements des deux structures hydrauliques (A) et (B) sont de natures très différentes : fluviatiles et propres pour le fossé d'enceinte (A) ; argileux et argilo-sableux extrêmement humifères (fig. 7) pour la douve interne (B). Les datations des comblements de ces deux structures fournies par le 14^C sont comparables et indiquent une période allant du deuxième quart du XIe siècle à la fin du XIIe siècle[16]. Il en est de même du matériel céramique. Les fonctionnements de ces deux structures sont donc contemporains. Les datations par le 14^C, l'épaisseur de la sédimentation argileuse laissent penser que le creusement de la douve

16. Pour le comblement du fossé d'enceinte (A2) : l'intervalle proposé par le radiocarbone est 1029-1215 ap. J.-C. [Ly-6493(GrA) ; âge 14^C BP : 905 +- 35 BP]. Pour le comblement de la douve interne (B), en SE12, une première série de prélèvements correspond à la période 1051-1259 ap. J.-C. [code Ly-6491(GrA) ; âge 14^C BP : -855 ± 35] ; une seconde série couvre la période 996-1153 ap. J.-C. (code Ly-1507 ; âge 14^C BP : -980 ± 30).

interne (B) a pu avoir lieu à une période comprise entre la fin du Xe siècle et celle du XIe siècle[17] ; l'étude de l'évolution des faciès céramiques de ses premiers comblements suggère une occupation comprise entre le milieu et la fin du XIe siècle.

La troisième forme de structuration du site voit donc, entre la fin du Xe siècle, ou le début du XIe siècle, et la moitié de ce dernier, le début du fonctionnement de deux ensembles hydrauliques séparés par une levée de terre informelle. Le premier, extérieur, est le fossé d'enceinte curé; il continue de transporter et d'accumuler sable grossier et gravillons qui proviennent soit de la dérivation du cours d'une rivière – le *stung* Siem-Reap –, soit de son propre cours canalisé. Le second constitue une douve intérieure à la ville. Bien que nous ne disposions pour l'heure d'aucune preuve d'une association entre ces deux ouvrages, on peut raisonnablement émettre l'hypothèse de son existence. À la fin de cette période, au cours de la seconde moitié du XIIe siècle, le fossé d'enceinte et la douve interne sont partiellement comblés.

Du début du XIIe siècle aux XVe-XVIe siècles

La troisième grande période s'ouvre avec le dernier grand projet réalisé sur ce site, celui de Jayavarman VII à la fin du XIIe siècle. Dans son principe de fonctionnement hydraulique, ce projet, s'il reprend le concept de la double enceinte interconnectée, n'innove peut-être pas. Cependant, le traitement architectural des ouvrages réalisés, leurs dimensions et leur caractère dissuasif introduisent des nouveautés spectaculaires. Avec la construction du mur d'enceinte, du glacis et du chemin de ronde, qui en font aujourd'hui un système d'enceinte unique à Angkor, le nouveau projet répond à des exigences de protection inédites, nées vraisemblablement de l'ébranlement du royaume par la prise d'Angkor lors des guerres avec les Chams à la fin du XIIe siècle, que la levée de faible hauteur, très informelle, des XIe et XIIe siècles ne permettait pas de satisfaire.

Le nouveau projet d'enceinte comprend la réalisation de quatre ouvrages monumentaux : une large douve extérieure, un mur, un glacis et une douve intérieurs (fig. 4.3). La Grande douve (D) est creusée. Sa largeur est de cent mètres, sa plus grande profondeur atteint cinq mètres. Sur le flanc des élévations anciennes de la rive du fossé d'enceinte (A) et partiellement sur

17. De nombreux prélèvements complémentaires de charbons de bois ont été effectués à près de 10 m de profondeur dans le comblement de cette douve interne et à divers endroits de son tracé ; tous indiquent un début d'intervalle compris entre le Xe siècle, plus précisément la fin de ce siècle, et le début du XIe siècle.

Fig. 7. – Douve interne, comblement inférieur argileux extrêmement humifère.

le comblement de ce dernier, un remblai est mis en place. Il permet la pose d'une première volée de gradins, premier parement, inférieur, qui autorise l'accès à l'eau et assure la stabilisation du pied de la rive. À l'intérieur de la ville, les terres issues du creusement de cette grande douve, alors rapportées en remblai, recouvrent entièrement les exhaussements des siècles précédents situés entre le fossé (A) et la douve (B) ainsi que cette dernière comblée. Ces terres modèlent une forme de glacis d'environ 75 m de base. Un mur d'enceinte en latérite est construit. Son tracé, parallèle à celui du fossé d'enceinte (A) et situé à 35 m de distance, correspond à celui de la première élévation de terre de la fin du IXe siècle. Une tranchée de fondation, pratiquée sur les trois mètres d'épaisseur des exhaussements précédents permet d'atteindre le terrain naturel. Elle est comblée de sable fin rose. Un vide de 8 m de hauteur, ménagé entre la section verticale des remblais du glacis et l'élévation du mur, est également comblé par un remblai de sable dont la composition laisse à penser qu'il a été extrait du comblement fluviatile déposé dans le fossé d'enceinte au cours des XIe-XIIe siècles ; une telle mise en œuvre explique les déversements ultérieurs nombreux de la muraille. Parallèlement à ces ouvrages et au pied du glacis une nouvelle douve (C), intérieure, large de 26 m et parementée de gradins de latérite (fig. 8), est créée. Implantées à une distance moyenne de 90 m, les deux douves, extérieure et intérieure, du nouveau projet sont alors reliées entre elles à deux emplacements opposés, au nord-est et au sud-ouest d'Angkor Thom, respectivement pour l'approvisionnement de l'eau dans la ville et pour son évacuation.

Ultérieurement, au cours des XIIIe-XIVe siècles, sur les rives de la grande douve extérieure est mise en place la volée haute de ses gradins – dans certains cas de sa rive extérieure, une double margelle de grès – tandis que la berme qui la sépare du mur d'enceinte est revêtue d'un dallage de latérite. À l'intérieur de la ville, les exhaussements de terrain qui résultent d'une densité urbaine accrue nécessitent en de nombreuses occasions une surélévation des parements de latérite de la douve (C). L'histoire du site se termine avec une très faible sédimentation de la douve extérieure et un comblement progressif important de cette douve (C).

En conclusion, le spectaculaire système d'enceinte édifié sous le règne de Jayavarman VII n'a donc pas été conçu *ex nihilo* dans le paysage angkorien. Il ne fonde pas *in situ* une première ville de plan carré à la fin du XIIe siècle. Par un geste monumental sans précédent, qui est à la fois protecteur, symbolique et hydraulique, il formalise le troisième état d'un système de circonscription dont l'histoire a commencé quelques trois siècles auparavant. La première période du site de l'enceinte d'Angkor Thom, qui voit l'existence d'un fossé retrouvé sur les côtés est et sud de la ville[18], peut être raisonnablement située entre le IXe siècle et le début du Xe siècle. Elle s'accorde à la date de la fondation de la capitale royale, Yaśodharapura, par le roi Yaśovarman Ier à la fin du IXe siècle. Avec la mise au jour de ce fossé d'enceinte, auquel s'ajoute la découverte, au sein du palais, des traces d'un rituel de fondation[19] daté au plus tard de la même époque par le 14^{C}, enfin, en raison de l'alignement de ce dernier site avec les deux grandes fondations du roi que sont, à l'est, le Yaśodharataṭāka, le Baray oriental, et, au sud, le temple du Bakheng où fût érigé le *liṅga* royal Yaśodharīśvara, nous verrons ici non seulement dans le site d'Angkor Thom mais dans sa forme même, la composante centrale de la première ville d'Angkor. Une telle assertion revient à dire que l'hypothèse initiale de la localisation de

18. Le fossé n'a été retrouvé que sur le segment est du côté sud de la douve d'Angkor Thom ; il n'a pu l'être sur le segment ouest, le bassin sud-ouest de la grande douve étant en eau.

19. J. Gaucher et Ph. Husi, « L'archéologie urbaine appliquée à un site archéologique : l'exemple d'Angkor Thom (Cambodge), capitale du royaume khmer angkorien », in *Archéologie de l'espace urbain*, E. Lorans et X. Rodier éd., Tours, Coédition CTHS, 2014, p. 121-131.

Fig. 8. – Douve intérieure, gradins inférieurs et tranchée de fondation.

cette première ville d'Angkor était juste, n'était qu'elle était fondée sur des preuves discutables et réfutées. La deuxième période du système d'enceinte s'étend des alentours de l'an 1000 à la fin du xiie siècle avec un moment déterminant, l'ajout d'une douve intérieure au plus tard vers le milieu du xie siècle, moment qui correspond à l'édification à l'intérieur de la ville du plus grand temple-montagne de son époque, le Baphuon. Enfin, la troisième période, dont les vestiges sont aujourd'hui toujours visibles, commence à la fin du xiie siècle, avec la construction du Bayon et la refondation de la ville par le roi Jayavarman VII, et se termine à une date encore non précisée entre le xve siècle et le début du xvie siècle.

Jacques Gaucher

Sa Majesté Norodom Sihamoni, Roi du Cambodge, et M. Christophe Pottier.
Photo : Brigitte Eymann © Académie des Inscriptions et Belles-Lettres.

NOUVELLES DONNÉES SUR LES PREMIÈRES CITÉS ANGKORIENNES

Votre Compagnie m'avait fait le grand honneur de m'inviter le 14 mars 2003 à votre séance consacrée à la célébration des dix années d'activités de la France pour la sauvegarde du site d'Angkor, pour y présenter les derniers résultats des travaux de recherche que je réalisais dans cette région. À l'heure de la célébration des deux dernières décennies de coopération archéologique franco-cambodgienne à Angkor, je vous sais gré de m'inviter à nouveau aujourd'hui pour exposer quelques résultats sur les recherches que j'ai poursuivies depuis, grâce au soutien permanent de l'École française d'Extrême-Orient et de l'Autorité pour la Sauvegarde et l'Aménagement de la Région d'Angkor (APSARA). Je souligne que ces recherches ont bénéficié de l'aide généreuse de la Commission des fouilles du ministère des Affaires étrangères ainsi que de celle de la Fondation Simone et Cino Del Duca et de votre Académie qui ont bien voulu décerner le Grand Prix de l'Archéologie de l'année 2011 au centre de l'École française d'Extrême-Orient à Angkor que j'ai rouvert en 1992 et dirigé jusqu'en 2009.

C'est donc avec une reconnaissance renouvelée que je vous soumets aujourd'hui de nouvelles données relatives aux premières cités qui s'organisaient dans la plaine d'Angkor, aux abords des temples pyramidaux les plus anciens. Ces temples pyramidaux, ces célèbres « temples-montagnes », constituaient un thème de recherche cher à notre regretté collègue Pascal Royère, dont la disparition prématurée endeuille la communauté attachée au patrimoine khmer. Au-delà des moments, souvent magnifiques, parfois dramatiques, que Pascal et moi avons intimement partagés à Angkor, au quotidien, pendant plus de seize ans depuis qu'il m'y avait rejoint en septembre 1993, j'évoquerai juste ici le souvenir des innombrables discussions que nous avions, de retour de nos chantiers respectifs, autour d'un café, sur la terrasse du Centre de l'EFEO qui surplombe la rivière de Siem Reap. La dernière date de l'été 2013 : nous étions l'un et l'autre entre deux avions, et notre discussion avait notamment porté sur les récentes fouilles que j'avais conduites aux environs du Baray occidental et sur leurs répercussions pour la datation de ce vaste réservoir au milieu duquel trône le Mebon, où Pascal engageait son nouveau chantier en y faisant des découvertes passionnantes.

C'est donc des environs du Baray occidental et des temples-montagnes que je vous entretiendrai aujourd'hui, en rendant un hommage ému à mon confrère et compère trop tôt disparu.

Il y a dix ans, j'évoquais déjà ici-même quelques sites archéologiques de cette région en vous présentant alors nos avancées en matière de cartographie archéologique à Angkor, et leurs répercussions pour la compréhension des aménagements territoriaux, notamment hydrauliques et urbains (Ch. POTTIER, 2005). J'y exposais aussi les premiers travaux que nous conduisions alors. Le premier concernait la poursuite de la cartographie de l'ensemble de la région dans le cadre du Projet pour le Grand Angkor, le Greater Angkor Project, fruit d'une collaboration avec nos collègues cambodgiens d'APSARA et australiens de l'Université de Sydney. Il a abouti en 2007 à la cartographie archéologique de l'ensemble de la région d'Angkor, sur plus de 3000 km^2, recensant quelques 1500 sites archéologiques (D. EVANS *et al.*, 2007). Ces travaux se sont poursuivis depuis avec la réalisation de nombreuses fouilles ponctuelles pour étudier le fonctionnement de diverses infrastructures, telles que des canaux, des bassins ou des chaussées. Je mentionne d'ailleurs à ce propos, mais sans en développer les résultats, qui dépasseraient largement l'objet de ma présentation, que l'approfondissement de cette cartographie se poursuit encore actuellement et bénéficie régulièrement de l'introduction de nouvelles technologies de pointe. C'est tout particulièrement le cas depuis que nous avons pu réaliser une couverture LiDAR en 2012 sur environ 370 km^2, couvrant notamment la partie centrale d'Angkor. Cette technique de relevé topographique avec un laser aéroporté a permis d'enregistrer avec une précision inégalée les détails des reliefs du sol, même sous le fort couvert forestier qui recouvre encore par exemple le cœur d'Angkor ou le plateau des Kulen. Le modèle numérique de terrain qui en résulte confirme et complète les travaux cartographiques antérieurs, mais révèle aussi un nouvel ensemble de traces d'anciens aménagements, souvent moins monumentaux mais non moins importants pour comprendre Angkor, tels que les tertres d'habitat, les bassins, les voiries, dont nombre sont inédits. Les premiers éléments ont déjà fait l'objet d'une publication préliminaire (D. EVANS *et al.*, 2013) et les travaux d'analyse et de vérification sur le terrain se poursuivent depuis. Je tiens à souligner particulièrement ici que cette avancée technologique majeure a pu être réalisée grâce à la création d'un consortium international de recherche *ad hoc*, réunissant huit équipes[1], ce qui constitue à ma

1. Autorité pour la Sauvegarde et l'Aménagement de la Région d'Angkor (APSARA) ; École française d'Extrême-Orient, Siem Reap Centre (EFEO) ; University of Sydney, Robert

connaissance le plus important projet collaboratif jamais réalisé à Angkor depuis vingt ans en matière de recherche archéologique. Symbole d'une collaboration internationale et du dynamisme des approches archéologiques à Angkor, l'EFEO peut donc se féliciter d'avoir été l'un des principaux initiateurs de ce projet pour lequel elle a bénéficié de l'appui primordial de la Fondation Simone et Cino Del Duca et de votre Académie. Une nouvelle campagne de couverture LiDAR élargissant les zones étudiées à d'autres grands sites provinciaux vient d'ailleurs d'être réalisée en avril 2015 sous la direction de Damian Evans pour l'EFEO et grâce à un financement du European Research Council[2].

Je reviens maintenant à l'autre développement présenté ici même en 2003, basé sur une mission archéologique initiée en 2000 et dédiée à l'étude des premiers aménagements urbains dans la région d'Angkor : la Mission archéologique franco-khmère sur l'aménagement du territoire angkorien. Nous en donnions alors les premiers résultats, après trois campagnes de fouilles menées sur cinq sites des environs du Baray occidental où nous cherchions les traces et l'organisation des premières installations dites « préangkoriennes ». Ils montraient notamment que le site d'Angkor s'était établi dans une région au riche patrimoine préhistorique. La découverte d'une première nécropole de l'âge du fer, à Prei Khmeng, a permis d'étudier et de dater pour la première fois « l'hindouisation » dans la région d'Angkor, un moment décisif entre la seconde moitié du Ve siècle et la fin du VIe siècle, caractérisé par l'introduction de sanctuaires brahmaniques qui se superposent, sans discontinuité, à une succession d'occupations domestiques et funéraires qui remontaient au moins au début de notre ère (Ch. POTTIER, 2005 ; Ch. POTTIER *et al.*, 2009, p. 62). Et même au-delà, puisqu'en 2004 et 2005, nous découvrions une seconde nécropole sur le site voisin de Koh Ta Meas, situé au cœur même du Baray occidental, où nos fouilles ont mis au jour une vaste nécropole de l'âge du bronze. Outre que les installations de cette période sont encore extrêmement rares au Cambodge, celle de Koh Ta Meas atteste d'une occupation humaine à Angkor vieille de plus de 3000 ans et souligne tant les permanences que certaines ruptures de traits culturels (Ch. POTTIER *et al.*, 2004 ; Ch. POTTIER, 2006).

Christie Research Centre (USYD) ; Société concessionnaire d'Aéroport (SCA) ; Hungarian Indochina Company (HUNINCO) ; Archaeology & Development Foundation Phnom Kulen Program (ADF) ; Japan-APSARA Safeguarding Angkor (JASA) et World Monuments Fund (WMF).

2. http://angkorlidar.org/.

Nous avons aussi constaté combien les imposants aménagements angkoriens, contemporains et postérieurs à l'édification du *baray*, avaient profondément perturbé cette zone et en gênaient la compréhension. Nos fouilles ont alors migré en 2004 vers la capitale suivante, à Hariharālaya dans la région de Roluos, afin d'y dégager dans un contexte potentiellement moins altéré, l'évolution des premières installations et des schémas urbains angkoriens. Forts des enseignements que nous y avons recueillis et que je vais développer plus bas, nous sommes revenus depuis 2012 fouiller plusieurs sites des environs du Baray occidental pour y confirmer l'étendue, l'organisation complexe et la datation d'une première capitale « ouverte » associée au temple pyramidal d'Ak Yum qui soulève encore nombre de problèmes, dont l'un, non des moindres, concerne sa position chronologique.

Réexamen d'Ak Yum

On rappellera que le temple d'Ak Yum a été découvert par Georges Trouvé le 1er décembre 1932, enfoui dans la digue sud du Baray occidental. Les dégagements et les fouilles réalisés par G. Trouvé, jusqu'à sa mort prématurée le 18 juillet 1935, avaient partiellement mis au jour une pyramide de briques à trois gradins, de 100 m à la base (G. Trouvé, 1933a et 1933b)[3]. Si le monument a bien été reconnu comme le centre d'un ancien établissement important, sa datation est demeurée énigmatique. Arguant que des traces de réemploi avaient été relevées sur les piédroits inscrits (K. 749, K. 753), G. Cœdès n'a pas retenu les dates qu'ils contiennent pour dater ce monument qu'il place alors au IXe siècle (G. Cœdès, 1953, p. 57). Par ailleurs, les éléments décoratifs, aux caractères assez singuliers, n'ont donné qu'une fourchette chronologique imprécise correspondant approximativement au VIIIe siècle (J. Boisselier, 1965). Souffrant de cette datation vague et parfois contradictoire, d'un dégagement incomplet et d'une étude rapidement abandonnée après la disparition de G. Trouvé, Ak Yum a probablement été aussi desservi par l'association hâtive, mais tenace, établie entre l'apparition de la typologie des temples-montagnes angkoriens et l'instauration du rituel du Devarāja, sur le Mahendraparvatā mais en un lieu pourtant non précisé, sous le règne de Jayavarman II en 802 A. D. (G. Cœdès, 1928, p. 93 ; Ph. Stern, 1934 et 1951). Alors que tout à Ak Yum suggérait une période antérieure au règne de ce souverain fondateur d'Angkor, comment ce temple pyramidal pouvait-il

3. Pour la description du temple et le détail des éléments de statuaire et des informations épigraphiques qu'y a découverts G. Trouvé, on renvoie à l'état des connaissances proposé par B. Bruguier en 1994, qui récapitulait les connaissances acquises sur ce temple, essentiellement à partir des journaux de fouille et des rapports de G. Trouvé.

s'insérer dans la chronologie des temples-montagnes sans contredire la version acceptée de la naissance d'Angkor ? La place accordée au Prāsāt Ak Yum dans la chronologie angkorienne est donc demeurée paradoxalement très accessoire bien que les temples pyramidaux aient été pleinement reconnus comme les éléments centraux de l'histoire des cités angkoriennes (Ph. STERN, 1951). Certains caractères assurément anciens à Ak Yum et la présence d'autres fondations pré-angkoriennes dans les environs ont cependant poussé les auteurs à y proposer l'existence d'une « ville du *baray* » et à y envisager l'emplacement d'une des premières capitales de Jayavarman II, Indrapura (Ph. STERN, 1938, p. 180) ou Amarendrapura (G. TROUVÉ, *RCA* novembre 1934 ; G. CŒDÈS, 1989, p. 187 ; B.-Ph. GROSLIER, 1958, p. 19), ou à l'identifier à la Purandarapura de Jayavarman Ier (Cl. JACQUES, 1990, p. 42 ; D. SOUTIF, 2009) ou à Aninditapura Svargadvārapura (Cl. JACQUES, 1972, p. 219 ; Cl. JACQUES, 2012, communication personnelle).

Le réexamen du monument, que nous y avons conduit à l'occasion des fouilles en 2001 puis en 2012, suggère aujourd'hui une interprétation sensiblement différente que je résumerai brièvement ici. D'un point de vue architectural, les traces de réemploi sont en effet nombreuses dans ce monument où le culte était encore actif au début du XIe siècle. Il l'est même demeuré au sanctuaire central après que la pyramide fut ensevelie lors de la construction du *baray* durant le second quart du XIe siècle (cf. *infra*). La nature des modifications du soubassement du sanctuaire central suggère que les piédroits de cette tour, et les inscriptions qu'ils portent, peuvent bien provenir du temple d'origine. C'est tout particulièrement le cas de la porterie orientale pour laquelle la réfection de la tour originelle, de son soubassement et de ses emmarchements, a naturellement conduit au décalage des piédroits existants et entraîné certaines traces de réemploi qu'y a observées G. Trouvé[4]. Dans cette perspective, ces inscriptions peuvent donc bien contribuer à dater l'ancienneté de l'édifice, même si celui-ci a été

4. En avril 1935, lors du dégagement de la base du sanctuaire central, G. Trouvé note dans un de ses derniers rapports : « Vraisemblablement, le sanctuaire primitif correspondant à l'inscription du VIe-VIIe siècle, n'avait qu'une porte Est et le linteau décoratif du type II intermédiaire, trouvé au début des travaux [...] de 2,50 m de long, appartenait sans doute à ce premier édifice. Les autres linteaux trouvés, soit en réemploi à la porte nord et mesurant 1,53 m de long soit enterré au pied de la porte Sud longueur 1,63 m de dimensions beaucoup plus petites que le premier, devaient appartenir aux édicules secondaires, à moins qu'ils ne fussent placés postérieurement sur le sanctuaire principal à une période de remaniements qu'on ne connaît pas. » (*RCA* avril 1935). Voir aussi G. TROUVÉ, 1935. On note que Boisselier estime que les piédroits inscrits de K. 749 et K. 753 auraient été « rognés » (J. BOISSELIER, 1966, p. 224). Ce n'est assurément pas le cas de K. 749 dont les lignes sont complètes. K. 753 présente une importante desquamation sur la totalité de la partie droite, mais pas de trace que

postérieurement transformé. En l'occurrence, elles le placent à une période antérieure au 10 juin 674 A. D., date mentionnée en tête de l'inscription K. 749 gravée sur le piédroit sud de la porte orientale, très probablement donc la porte principale du sanctuaire central (R. BILLARD et J. Ch. EADE, 2006, p. 401 ; G. CŒDÈS, 1933, p. 530 ; G. CŒDÈS, 1953, p. 57-58)[5].

L'objet de cette inscription K. 749 est la mention de fondations du Mratāñ Kīrtigaṇa en 674 A. D. en faveur du Vraḥ Kaṃmrateṅ Añ Śrī Gambhīreśvara (G. CŒDÈS, 1953, p. 57-58). De par sa position dans le temple, à l'un des emplacements les plus centraux, ce texte suggère que le temple était dédié au culte de Gambhīreśvara, un nom de Çiva en tant que « Seigneur insondable ». À la suite de Boisselier (1965, p. 7), on se doit de souligner la coïncidence de ce nom, qui évoque l'idée de profondeur, avec l'existence exceptionnelle d'une salle souterraine dans la pyramide d'Ak Yum, singularité que l'on ne retrouve nulle part ailleurs dans l'architecture khmère. Le culte de Gambhīreśvara est d'ailleurs pleinement confirmé à Ak Yum par une troisième inscription, K. 752, mise au jour lors des premiers dégagements « près de la porte Nord du templion d'angle Sud-Est, sur le deuxième gradin de la pyramide » (*RCA* octobre 1934). L'inscription d'une ligne, gravée sous la frise de personnages d'une pierre votive aux neuf planètes, rapporte le don à Gambhīreśvara de cette pierre le 21 septembre 1001 A. D. (G. CŒDÈS, 1933, p. 530-531 ; R. BILLARD et J. Ch. EADE, 2006, p. 413). En outre, cette offrande montre aussi que le culte à Gambhīreśvara était rendu à l'aube du XIe siècle, et que la divinité centrale du temple y était donc toujours honorée 327 ans après les donations du Mratāñ Kīrtigaṇa. Ce culte a d'ailleurs probablement perduré bien après, dans la partie centrale, malgré l'enfouissement des degrés inférieurs de la pyramide[6].

le piédroit ait été « rogné ». D'ailleurs, Boisselier n'indique pas que ces piédroits aient été spécifiquement altérés dans un manuscrit précédent (J. BOISSELIER, 1965, p. 2-3).

5. La date contenue dans l'inscription K. 749 avait été lue x39 śaka par G. Cœdès (1953, p. 57) et interprétée comme devant être 539 ou, plus probablement 639 śaka (717 A. D.). La date a récemment été corrigée en 59[6] śaka par Roger Billard (R. BILLARD et J. Ch. EADE, 2006, p. 401, n. 20). La seconde inscription, K. 753, sur le piédroit est de la porte sud de la tour centrale, est malheureusement très fragmentaire. La partie conservée, le début de vingt-cinq lignes, porte une date de 626 śaka (704 A. D.) et liste des donations à une ou plusieurs divinités (G. CŒDÈS, 1953, p. 58-59).

6. Les archives photographiques de l'EFEO indiquent qu'une petite statuette en bronze d'une divinité féminine debout du style du Bayon, proviendrait du temple d'Ak Yum (EFEOCAM206355 et 20636 avant conservation, Bz6x9EFEO–0001 et 0002 après conservation) alors qu'elle n'apparaît pas dans les rapports et journaux de fouilles à notre disposition. Sollicité sur ce sujet, notre collègue Brice Vincent a eu l'amabilité de nous signaler que cette pièce, décrite par Marchal dans le catalogue des collections khmères

Le culte de Gambhīreśvara

Le culte de Gambhīreśvara est peu fréquent dans le Cambodge ancien et mérite que l'on s'y attarde un moment car il a tenu une place prééminente lors du règne de Bhavavarman Ier. Gambhīreśvara est en effet mentionné dans la stance V de la stèle K. 53 de Kdĕi Aṅ comme étant la divinité sous les auspices de laquelle ce souverain avait placé son royaume : « Du roi Śrī Bhavavarman, qui était monté sur le trône par sa propre énergie, le fruit du Kalpataru que fut son règne a été Śrī Gambhīreśvara. » (Cl. Jacques *et al.*, 2007, p. 32)[7]. Il est donc probable que Bhavavarman Ier lui avait érigé un sanctuaire important.

Parmi les rares occurrences de cette divinité en dehors d'Ak Yum, trois inscriptions situées sur divers édifices à Sambor Prei Kuk ont suggéré que cette divinité aurait aussi pu être honorée sur ce site, et plus particulièrement dans le sanctuaire central N1 du groupe nord (G. Cœdès, 1953, p. 28 ; Cl. Jacques et Ph. Lafond, 2004, p. 122). Plusieurs inscriptions proviennent de ce site important, mais aucune des principaux sanctuaires et aucune

du Musée Louis Finot sous le numéro D.32.115, provenait en fait du Phnom Bakheng. À Ak Yum, Boisselier mentionnait pour sa part « une tête de garuda trouvée au cours du dégagement, du style du Bayon » (1965, p. 20) dont nous n'avons pas non plus retrouvé trace dans les journaux de fouilles. Ici encore, Br. Vincent a relevé une nouvelle confusion : « une tête de ce type apparaît en effet sur la photo EFEOCAM08652 aux côtés d'un Lokeśvara découvert à Ak Yum et aujourd'hui conservé au Musée National du Cambodge (ga 3012). Elle ne provient toutefois pas d'Ak Yum mais de Pre Rup (*RCA*-Février 1933). Elle aussi est aujourd'hui conservée au MNC (ga 4762) » (communication personnelle 2016). Nous remercions Brice Vincent pour ses informations détaillées. Si aucune statuette du style du Bayon n'a donc réellement été mise au jour à Ak Yum, les fouilles que nous avons réalisées en 2012 attestent d'occupations à la période angkorienne. Les fouilles de la partie supérieure du temple (sondage 10000, à l'ouest du sanctuaire central) ont identifié diverses phases de remblaiements peu anthropisés après la mise en place d'une protection du sanctuaire central. Les quelques rares tessons angkoriens dégagés dans ces couches ne suffisent pas à y montrer l'existence d'une occupation angkorienne. Par contre, deux importants niveaux d'occupation ont été révélés au sud du temple, au pied de la digue du Baray occidental. L'assemblage céramique du niveau le plus récent présente un profil caractéristique des XIIe et XIIIe siècles et atteste d'une installation significative à proximité méridionale du temple (Ch. Pottier *et al.*, 2012a, p. 10-11).

7. Pour mémoire, Barth donnait de cette stance V la traduction suivante : « Le roi çrī-Bhavavarman ayant pris le pouvoir avec énergie, lui pour qui çrī-Gambhīreçvara fut le fruit de cet arbre des désirs qui est la royauté » (1885, p. 69). Il proposait en note une autre construction « ce vrai Kalpataru de la royauté, dont çrī-Gambhīreçvara fut le fruit » pour souligner que « le sens, au fond, est le même. Dans l'un et l'autre cas, Bhavavarman est représenté comme ayant eu une dévotion particulière pour un Çivalinga, invoqué sous le nom de Gambhīreçvara "le Seigneur insondable", auquel il avait sans doute consacré un sanctuaire. »

stipulant sans ambiguïté l'obédience principale de ce groupe. Les trois inscriptions mentionnant Gambhīreśvara offrent des contextes fragmentaires, peu clairs ou secondaires qui laissent planer un doute qui n'existe pas à Ak Yum. L'inscription K. 148 est située sur le piédroit sud de la tour N15, et date du xe siècle, peut-être du règne de Rājendravarman (G. Cœdès, 1952, p. 33-34). Assez fragmentaire, l'inscription mentionne diverses fondations, dont un liṅga dans cette tour (stance X), faites par divers individus dont deux sont liés à (hotar de ?) Śrī Gambhīreśvara (st. VIII et XI). Les deux occurrences de Gambhīreśvara dans ce texte ne renseignent donc nullement sur l'emplacement de son temple. Une seconde inscription, K. 439, provient de l'édifice N20 situé hors de l'enceinte extérieure, et probablement donc aussi hors de l'ensemble du sanctuaire nord malgré son préfixe (I. Shimoda et S. Shimamoto, 2012, p. 18-19). Au début du texte largement ruiné du piédroit sud, « dont il ne reste que les premiers pāda, avec quelques caractères des seconds », apparaissent le dieu Gambhīreśvara (st. II) puis un souverain « Śrī Bhavavarman, petit-fils de... » (st. III) dont deux serviteurs établissent une fondation (G. Cœdès, 1952, p. 30-32). Cœdès propose d'identifier le roi à Bhavavarman II, petit-fils de Mahendravarman. Notons que la généalogie de Bhavavarman Ier est assez imprécise, mais il est au moins réputé être « petit-fils du monarque universel (sārvabhauma), c'est-à-dire du roi du Fou-nan » (G. Cœdès, 1989, p. 128) et pourrait donc aussi bien, sinon mieux, correspondre au souverain mentionné ici comme petit-fils d'un roi (M. Vickery, 1998, p. 332). La concomitance de Gambhīreśvara et de Bhavavarman Ier dans ces deux stances ne serait d'ailleurs pas illogique au regard de leur association attestée par la stèle K. 53. Le texte du piédroit Sud ne présente aucune date ; son vis-à-vis au nord, pas forcément lié, se rapporte à l'érection d'un liṅga durant le règne de Jayavarman Ier, dans cette tour N20 que rien ne permet d'estimer antérieure à la période d'Īśānavarman. Il reste donc de K. 439 qu'elle peut constituer un témoignage supplémentaire de l'association entre Bhavavarman Ier et Gambhīreśvara, mais qu'elle n'apporte aucun élément particulier sur la localisation de cette divinité. La troisième inscription, K. 436, est gravée sur le piédroit sud de la porte orientale de la seconde enceinte du groupe nord, un édifice que les travaux récents ont montré avoir été profondément modifié à une date indéterminée (I. Shimoda et S. Shimamoto, 2012). L'inscription elle-même date du règne de Rājendravarman et rapporte diverses actions et fondations pieuses de son serviteur Vikramasiṃha (st. XIV-XXI) en finissant par une fondation à Īśānapurī qui motive la présente inscription (st. XXII-XXIII) (G. Cœdès, 1952, p. 20-24). On peut regretter que les stances XX et XXI qui mentionnent Śrī Gambhīreśvara soient aussi lacunaires. Elles suggèrent toutefois que Vikramasiṅha restaura ce culte « tombé en désuétude » (st. XX). Mais la lecture de G. Cœdès ne permet aucunement d'en déduire que cela concerne le site de Sambor Prei Kuk. Elle suggère d'ailleurs même le contraire, puisque la stance précédente mentionne explicitement des fondations très probablement situées ailleurs dans le royaume à Liṅgapura, à Nāgasthānapurī et à Cambhupura. Gambhīreśvara se rattache à ce passage, plutôt qu'au suivant où une dernière fondation est précisée être « à Īśānapurī », et est accompagnée « ici » de donations de buffles et d'esclaves (st. XXII-XXIII). Si l'on convient donc évidemment que le dernier passage de cette inscription du règne de Rājendravarman confirme l'identification d'Īśānapura avec Sambor Prei Kuk – déjà envisagée avec l'inscription plus ancienne K. 438 – on doit souligner que la mention de la restauration du culte de Gambhīreśvara se rapporte très probablement à un autre site et que les deux occurrences de cette divinité dans K. 436 ne sont pas plus concluantes que les précédentes. Notons enfin que l'emplacement de K. 436 – sur le piédroit sud de la porte orientale de ce qui était encore récemment considéré comme l'enceinte extérieure du groupe nord, dorénavant enceinte intermédiaire – pouvait être perçu comme un argument en faveur de la présence du culte de Gambhīreśvara au centre de ce groupe : on y voyait un emplacement relativement privilégié, sur l'orientation majeure de ce temple. Or, il faut noter que, contrairement à une idée qui apparaît dès les premières études archéologiques et qui perdure toujours de manière tenace (H. Parmentier, 1913, p. 24 ; B. Bruguier et J. Lacroix, 2011, p. 158 ; I. Shimoda et S. Shimamoto, 2012), le groupe Nord n'était probablement pas orienté à l'est à l'instar des groupes centraux et sud. L'implantation des édifices et des enceintes du groupe nord, en particulier la troisième enceinte récemment identifiée, montre clairement par sa double dysmétrie et ses concentrations d'édifices que le groupe nord était orienté vers l'ouest, même s'il possédait aussi, comme les autres groupes, une chaussée orientale puis un long ouvrage connecté au Stung Sen. Il serait d'ailleurs peut-être opportun de revoir la destination première du sanctuaire central du groupe nord[8] et l'organisation des divinités qui ont été identifiées dans ce groupe à l'aune de cette « nouvelle » orientation vers l'ouest, que l'on retrouve certes plus tard à Angkor dans un contexte viṣṇouite, mais aussi à une époque comparable à Mỹ Sơn, notamment

8. Les fragments d'une large dalle carrée percée d'un logement circulaire de 121,5 cm de diamètre ont été récemment mis au jour dans le sanctuaire N1. Le logement suggère l'existence d'un liṅga. Cependant, cette tour a connu un nombre singulier de modifications qui ne permettent guère de s'assurer de sa configuration originale (I. Shimoda et S. Shimamoto, 2012).

au groupe A dédié à Bhadreśvara puis à Śambhubhadreśvara et qui offre d'intéressants points de comparaison malgré ses modifications successives[9].

Pour finir avec les rares occurrences de Gambhīreśvara[10], mentionnons encore deux inscriptions, K. 53 et K. 482. Nous avons rappelé plus haut comment la stance V de K. 53 de Kdĕi Aṅ, dans la province de Prei Vêṅ, suggère que Śrī Gambhīreśvara était la divinité sous les auspices de laquelle Bhavavarman Ier avait placé son royaume. L'inscription ne fournit par contre aucun élément de localisation, et se concentre sur le rappel des fondations d'une lignée de serviteurs des souverains, de Rudravarman à Jayavarman Ier (Cl. Jacques *et al.*, 2007, p. 32-37). L'inscription K. 482 de Kuk Roka est gravée sur trois fragments d'un piédroit retrouvé au sein d'une chapelle d'hôpital de Jayavarman VII située à une trentaine de kilomètres au sud-ouest de Sambor Prei Kuk. Le texte, non daté et très fragmentaire, a pour objet la fondation d'une déesse par un certain Juṅ Glaṅ, un serviteur « d'un roi dont le nom est perdu », mais que l'examen paléographique suggère contemporain des textes du règne d'Īśānavarman Ier (G. Cœdès, 1953, p. 28-29). Le début du texte manque et les premières lignes conservées (st. I et II) évoquent des ordres royaux dont est chargé Juṅ Glaṅ, avant de mentionner sa fondation (st. III) et ses donations. C'est dans le contexte des charges qu'a assurées ce Juṅ Glaṅ que la stance II indique « chargé par ce roi... de Śambhu nommé Śrī Gambhīreśvara. » Probablement comparable aux occurrences observées dans K. 148, la mention de Gambhīreśvara n'implique donc en rien une localisation quelconque de cette divinité, à proximité immédiate ou même élargie de Kuk Roka[11].

L'examen des occurrences de Gambhīreśvara est peu favorable à l'hypothèse d'un culte dédié à cette divinité dans le sanctuaire N1 et il me semble préférable de l'abandonner en plaidant pour une nouvelle réflexion sur la destination et l'organisation du groupe nord de Sambor Prei Kuk.

9. Je remercie William Southworth pour ses informations complémentaires sur les dédicaces de ce temple.

10. Quelques occurrences de Gambhīra apparaissent aussi dans l'épigraphie, notamment dans les stèles de Preah Kô, de Bakong et de Pre Rup, mais elles ne semblent pas liées au problème qui nous occupe ici.

11. G. Cœdès souligne « l'incertitude [qui] règne au sujet du site exact de Kôk Rokà » et de la provenance des inscriptions. Il estime donc que « la mention du dieu Gambhīreśvara, [qu'il considère être] la divinité principale du groupe nord de Saṃbór-Prei Kŭk, confirme en tout cas que l'inscription provient de la région de Kŏṃpoṅ Thoṃ » (G. Cœdès, 1953, p. 28). Indépendamment du fait que ce site est situé à plus de trente kilomètres de Sambor Prei Kuk, cet argument nous paraît désormais doublement irrecevable, la mention du Gambhīreśvara n'impliquant aucune proximité géographique, et le culte de cette divinité n'étant pas assuré à N1.

Le culte de Gambhīreśvara est par contre nettement attesté à Ak Yum. Cela n'implique nullement qu'il s'agit là du seul sanctuaire dédié à cette divinité. Mais il s'agit d'un temple dont les dimensions monumentales et la configuration pyramidale semblent tout indiquées pour héberger une divinité majeure. L'association d'Ak Yum avec Gambhīreśvara et avec Bhavavarman Ier présente donc une logique certaine sur la base du contenu des inscriptions disponibles, mais nécessite de s'affranchir de certaines hypothèses qui ont façonné l'articulation des périodes préangkoriennes et angkoriennes, et négligé Ak Yum depuis plus de quatre-vingts ans.

Localiser Bhavapura

L'une des hypothèses que l'on doit repenser aujourd'hui concerne l'emplacement de Bhavapura, la capitale de Bhavavarman Ier, que P. Dupont voyait en 1943 dans le Laos siamois (P. Dupont, 1943, p. 53) mais que G. Cœdès avait déplacée quelques années plus tard « sur la rive septentrionale du Grand Lac, dans les environs du site archéologique d'Ampil Rolüm, à une trentaine de kilomètres au nord-ouest de Kompong Thom » (G. Cœdès, 1989, p. 131)[12]. Depuis lors, quelques propositions ont bien tenté de mettre en avant les sites méconnus de Thala Borivat (M. Bénisti, 1968, p. 95-96) et de la région de Stung Treng (P. Levy, 1970). Mais essentiellement basées sur l'étude stylistique de quelques vestiges mal datés, elles demeurent très conjecturales et n'ont pas fait d'émules malgré une apparente « logique » géographique proposant un glissement par étape de Vat Phu à Sambor Prei Kuk. Depuis 1985, Cl. Jacques a tenté de modifier l'hypothèse de G. Cœdès en proposant de localiser Bhavapura dans les environs de Sambor Prei Kuk, voire à Sambor Prei Kuk même (Cl. Jacques, 1986, p. 64 et 69). Outre qu'elle aboutit à l'équivalence ambiguë Bhavapura = Īśānapura[13], complexifiée par l'existence de plusieurs Bhavavarman (M. Vickery, 1998, p. 329), cette proposition repose largement sur l'hypothèse que le groupe nord était bien

12. M. Vickery rappelle l'opinion primitive de G. Cœdès dans la première édition des *États hindouisés...* de 1948, où « Bhavapura was in " Land Chenla ", somewhere in what is now central or southern Laos » (M. Vickery, 1998, p. 127, n. 148). Sur cette hypothèse, on renverra surtout aux longs développements de Pierre Dupont dans son article de 1943 sur « la dislocation du Tchen-la et la formation du Cambodge angkorien ». On ne développe pas ici les hypothèses obsolètes de Claudius Madrolle qui proposait Bhavapura à Stung Treng puis à Banteay Prei Nokor (in L. P. Briggs, 1951, p. 40, 43 n. 6, p. 82 n. 9).

13. Sur les répercussions et les justifications compliquées d'une telle équivalence, voir M. Vickery, 1998, p. 340 et 410, note 51, et la note 61 relative au(x) nom(s) de la capitale d'Īśānavarman. Voir aussi, *infra*, K. 1150, qui suggère une distinction franche de ces deux lieux.

dédié à Gambhīreśvara, hypothèse peu probable comme nous venons de le voir. Il est utile de revoir les occurrences de Bhavapura dans l'épigraphie du Cambodge ancien, à commencer par l'inscription K. 162 du Prāsāt Ampil Rolu'm sur laquelle repose la localisation proposée par G. Cœdès (1954, p. 101-106; 1956, p. 213, 215). Elle est composée de deux textes sur les piédroits de la tour centrale, dont l'écriture et certains emplois fautifs suggèrent qu'ils ont été gravés à la même époque – bien qu'ils fussent peut-être indépendants l'un de l'autre – au plus tôt lors du règne de Jayavarman IV. La mention de Bhavapura se trouve dans l'inscription du piédroit nord, largement ruinée, dont nous rappelons ci-dessous la traduction de G. Cœdès.

> *Piédroit nord*
> (I-VIII : *ruiné*).
> IX. Dans l'année des Çāka comptée par les (7) montagnes, la lune (1) et..., le huitième jour de la lune croissante du mois de Puṣya...
> X. Le frère de Hiraṇyadāma, Devāditya... le meilleur de ceux qui connaissent l'atman... fut l'époux de celle qui consacre l'offrande par le feu.
> XI. De l'époux de la donatrice, roi dans cette ville de Bhavapura et fils de Çrīndrāditya, naquit le savant roi des rois Dharmāditya.

G. Cœdès la résume ainsi : « Des huit premiers çloka du piédroit nord, les cinq premiers ne laissent reconnaître que quelques caractères. Du sixième au huitième, les mots déchiffrables permettent de dire qu'ils faisaient partie de l'éloge d'un roi. Les trois derniers çloka donnent une date qui paraît être 7lx çaka [789-797 A. D.], et les noms de trois rois Devāditya, Indrāditya, Dharmāditya dont le dernier au moins est mis en relation avec "cette ville de Bhavapura" (Çrībhavapure smin). Ce démonstratif doit-il être entendu comme indiquant que la capitale de Bhavavarman, dont on cherche depuis longtemps le site, se trouvait aux environs immédiats des ruines de Pràsàt Ampĭl Rolŭ'm ? » (G. Cœdès, 1954, p. 102). On ne s'étendra pas ici sur les interprétations qui ont été développées sur ce texte fragmentaire, notamment quant à l'existence – ou non – d'une lignée solaire de rois dont les noms se terminent en « āditya » (Cl. Jacques, 1972 ; 1990, p. 45 et 53 ; 2004, p. 146 ; *contra* : M. Vickery, 1998, p. 381-382) et d'un royaume indépendant au VIIIe siècle (cf. *infra*). Mais on rappellera que la valeur géographique de « ce démonstratif » a été diversement contestée par les partisans d'une localisation vers Stung Treng (M. Bénisti, 1968, p. 96, n. 2 ; P. Levy, 1970, p. 122)[14] et sa précision fortement altérée par ceux en faveur de Sambor

14. « Une inscription d'Ampil Rolum [...] fait allusion à une Bhavapura qui aurait pu être proche de ce lieu. Mais il est à remarquer que sa localisation à Ampil Rolum est conjecturale (cf. le commentaire de M. Cœdès), qu'on n'en a repéré à notre connaissance aucune trace,

Prei Kuk (Cl. Jacques, 1986)[15]. On insistera ici sur la formule interrogative qu'emploie G. Cœdès, et qu'il laisse à dessein sans réponse, pour suggérer sans grande conviction que « la capitale de Bhavavarman se trouvait aux environs immédiats » de ce petit temple. On comprend particulièrement ses doutes puisque ce site n'a apparemment rien de très remarquable. Même si l'on sait combien ce type d'argument et ses présupposés sont fragiles, force est de constater que le Prāsāt Ampil Rolu'm se présente comme un site modeste, avec trois tours de briques – dont deux sont entièrement ruinées – alignées et ouvertes à l'est (H. Parmentier, 1927, p.154). Les éléments décoratifs – notamment trois linteaux préangkoriens et des palais volants inachevés qui ornent la tour conservée – témoignent de l'ancienneté du temple et le classent dans la période de Sambor Prei Kuk. Situé dans la plaine rizicole du district de Stung, la télédétection montre que le temple s'inscrit dans un environnement caractérisé par un semis homogène de petits sites archéologiques ponctuels, avec une concentration normale dans cette région du nord du Tonlé Sap, allant d'Angkor à Sambor Prei Kuk – situés respectivement à 110 et 40 km – mais sans commune mesure avec la densité observée dans ces deux sites de capitales attestées[16]. Il apparaît que l'absence de vestiges suffisants pour suggérer une installation royale à Prāsāt Ampil Rolu'm ait joué autant que la date tardive, le contexte obscur et l'aspect très fragmentaire de l'inscription, pour considérer avec réserve la localisation de « cette ville de Bhavapura ». D'ailleurs, si G. Cœdès a

que ses "rois" Devâditya, Dharmâditya, auraient vécu à la fin du VIIIe siècle, qu'entre-temps avait régné Bhavavarman II, que de nombreux faits du VIIIe siècle (émiettement du premier royaume khmer) restent très obscurs. Ce texte ne nous apporte donc, en l'espèce, aucune clarté. » (M. Bénisti, 1968, p. 96, n. 2).

« L'inscription en question, [...] fut rédigée plus de 330 ans après la dernière date lapidaire prouvant qu'en 598 A. D. Bhavavarman Ier régnait encore. Sans doute la même inscription nous apprend-elle qu'un roi khmer de la fin du VIIIe siècle A. D. était "roi dans cette ville de *Bhavapura*" et c'est le démonstratif de proximité, *cette*, qui autorisa Cœdès à situer Bhavapura au Nord de Tonlé Sap. "Localisation conjecturale", ainsi que le dit Mme Bénisti, mais alors il pourrait bien s'agir en ce cas – comme cet auteur me l'a amicalement suggéré – de la capitale de Bhavavarman II [...]. On sait que chaque souverain khmer tenait à fonder son pouvoir – surtout quand il était incertain – sur une nouvelle capitale, à laquelle, sans doute, il s'identifiait en lui accordant son nom. Ce qui nous explique l'existence très probable d'une seconde Bhavapura. » (P. Levy, 1970, p. 122-123).

15. Sur la traque détaillée, mais dénuée de critique, de l'élaboration de l'hypothèse de Bhavapura à Sambor Prei Kuk par Cl. Jacques, voir M. Vickery, 1998, p. 78 et 82, n. 53. On note d'ailleurs que l'opinion de Cl. Jacques est reprise – mais seulement occasionnellement – par M. Vickery (1998, p. 78 et 330 ; 2001, p. 18 ; 2004).

16. Pour la comparaison avec Sambor Prei Kuk, voir par exemple I. Shimoda, 2010, vol. 2, fig. 2.7.

d'abord vu dans K. 162 l'indication de la localisation de Bhavapura à Prāsāt Ampil Rolu'm (G. Cœdès, 1956, p. 213), il semble qu'il ait ensuite modéré son jugement en n'y voyant plus qu'une probabilité dans son ouvrage de référence *Les États hindouisés*[17] ou même en la taisant simplement dans *Les peuples de la péninsule indochinoise* (1962, p. 89-90). Il est donc permis de considérer que cette inscription ne s'oppose pas de façon rédhibitoire à toute autre localisation de Bhavapura.

La célèbre inscription de Sdok Kak Thom K. 235 datée de 1052 A.D. présente deux occurrences de Bhavapura (G. Cœdès et P. Dupont, 1943 : st. XXXII et l. 59). Cette histoire familiale de prêtres chargés du culte du Kamrateṅ jagat ta rāja (*'devarāja'*) revendique « their origins in the "lineage (*santāna*) [of] Aninditapura teṃ (originally) [in] the district (*sruk*) Śatagrāma", and that the king (*kuruṅ*) of Bhavapura had given them land in the province (*vijaya*) of Indrapura, all before they joined the service of Jayavarman II » (M. Vickery, 1998, p. 383). Cette indication n'informe pas directement sur la localisation de Bhavapura, mais elle confirme qu'à l'époque de ce don, Indrapura relevait de Bhavapura, comme le suggérait par ailleurs l'inscription K. 151 de Robaṅ Romās au Nord de Sambor Prei Kuk[18]. Ce don a été effectué à une date indéterminée, aux VIIe-VIIIe siècles. Si G. Cœdès et P. Dupont doutent que le « *kuruṅ* de Bhavapura soit Bhavavarman Ier », ils ne l'excluent cependant pas, notant la correspondance établie par l'inscription K. 273 entre le souverain et cette cité (voir *infra*) et son intérêt potentiel pour « fixer l'ancienneté d'Aninditapura » (G. Cœdès et P. Dupont, 1998, p. 104, n. 7). Au-delà de cette sujétion d'Indrapura à Bhavapura, on rappellera « que ces deux anciens royaumes, bien attestés comme tels, n'ont pas été transformés en province (si on peut traduire ainsi *viṣaya*), au moment de la constitution de ces unités administratives, comme l'ont été un certain nombre d'autres royaumes, tels que Śreṣṭhapura ou Vyādhapura ; en cela, ils formaient une exception, autant qu'on en puisse juger » (Cl. Jacques, 1972, p. 199).

Moins célèbre que Sdok Kak Thom, la dalle K. 956 de Vat Saṃròṅ est pourtant aussi intéressante pour sa mention d'une cérémonie ordonnée par Jayavarman II assez comparable à celle des Kulen (G. Cœdès, 1964, p. 128-138). L'inscription date de la première moitié du Xe siècle et est

17. « Sa capitale Bhavapura [...] *devait* se trouver sur la rive septentrionale du Grand Lac, dans les environs du site archéologique d'Ampil Rolüm » (G. Cœdès, 1989, p. 131).

18. « L'inscription de Robaṅ Romās mentionne d'ailleurs un dynaste d'Indrapura, nommé Narasiṃhagupta, roi vassal (sāmantanṛpa) de Bhavavarman Ier, Mahendravarman et Īśānavarman Ier » (G. Cœdès et P. Dupont, 1943, p. 71).

postérieure à Yaśovarman Ier mentionné sous son titre posthume. Bhavapura y est mentionné deux fois. La ligne 9 présente les ancêtres d'une lignée lors du règne de Jayavarman II, dont « une Teṅ Ayak qui était reine (*devi*) et avait été emmenée à Bhavapura ». La seconde occurrence, à la ligne 11, rapporte qu'à l'époque de Jayavarman II, les ancêtres de cette lignée furent amenés de Bhavapura par un ancêtre du roi Indravamran Ier (*ibid.*, p. 132). La localisation de Bhavapura n'est donc pas précisée, mais K. 956 atteste de la mobilité de certains membres de cette lignée qui résidaient à Bhavapura avant et pendant Jayavarman II, suggérant que ce souverain en avait le contrôle.

Les grandes stèles de Rājendravarman présentent aussi des références à Bhavapura et une généalogie qui a nourri l'hypothèse d'une lignée de Bhavapura restée indépendante jusqu'au Xe siècle (P. DUPONT, 1943, p. 45-46 ; Cl. JACQUES, 1971, p. 173). Dans la stèle de Pre Rup K. 806 (947 A. D.), le long panégyrique du roi contient deux mentions à la stance XVII : « Ayant reçu comme caractéristiques, pour l'épanouissement du lotus des trois mondes : la fraîcheur de Somā, quintessence de la création et brillante dans Bhavapura ; – la suprématie de Bālāditya ; la lumière du feu – la souveraineté de son propre père, seigneur de la puissante cité de Bhavapura, uni à la reine... » (G. CŒDÈS, 1937, p. 107-108). La stèle K. 528 (952 A. D.) du Mebon oriental contient une occurrence à la stance XII où « Bhavapura est en partie illisible, mais la restitution est à peu près certaine » (Cl. JACQUES, 1971, p. 172, n. 3). Il y est indiqué que « dans cette race, naquit Mahendradevī, fille de roi, qui épouse Mahendravarman, fils du roi des rois de [Bhava] pura » (P. DUPONT, 1943, p. 22). L'acceptation littérale des informations généalogiques de ces deux inscriptions a suggéré que ce souverain avait « régné sur Bhavapura, succédant ainsi à son père, avant de le faire sur l'empire khmer » (Cl. JACQUES, 1971, p. 208) et a motivé l'hypothèse de divisions ponctuelles du pays khmer avant ou jusqu'à Rājendravarman (P. DUPONT, 1943, p. 45-46 ; Cl. JACQUES, 1971, p. 173 ; 1990, p. 70 ; 2004, p. 201). Cette interprétation est contestée par M. Vickery qui voit « much exaggeration » dans la généalogie de Rājendravarman (M. VICKERY, 2004, p. 132-134). Se basant notamment sur l'interprétation selon laquelle Teṅ Ayak mentionnée dans K. 956 était « queen of Jayavarman II in Bhavapura, or whom he took in/from Bhavapura », M. Vickery estime : « this is a definitive answer to the question of whether Bhavapura was an independent kingdom Rājendravarman. It was not... » (M. VICKERY, 2001, p. 18). Même si cette division temporaire du pays doit être abandonnée, les références généalogiques de Rājendravarman à une lignée de « rois » de Bhavapura sont intéressantes pour un souverain qui réinstalle sa capitale à Angkor, et dont le règne est connu pour avoir réalisé diverses restaurations d'ouvrages de prédécesseurs, notamment pour avoir restauré le culte de Gambhīreśvara « tombé en désuétude » (st. XX de K. 436 cf. *supra*).

Parallèle notable, les grandes stèles de Jayavarman VII, autre grand souverain « refondateur » d'Angkor, présentent aussi des références à Bhavapura. Les stances IX des stèles de Prah Khan (K. 908) et de Ta Prohm (K. 273) mentionnent ainsi dans la généalogie du souverain l'« époux de la terre à Bhavapura, Bhavavarman Deva [qui] fut l'auteur de la naissance d'une famille de rois » à laquelle il se rattache (Cl. Jacques, 2007, p. 95). Cette formulation présente le roi Bhavavarman, probablement le premier du nom, régnant à Bhavapura et établit nettement la correspondance entre le souverain et sa capitale (G. Cœdès et P. Dupont, p. 215, n. 7 ; Cl. Jacques, 2007, p. 101). Cl. Jacques remarque d'ailleurs combien « l'indication est intéressante dans la mesure où l'on ignore tout de la descendance directe de ce roi : on doit en déduire que certaines lignées royales ont pu continuer à travers les siècles sans être jamais mentionnées dans les inscriptions, ce qui ne les empêchait pas de tenir très soigneusement leurs archives » (Cl. Jacques, 2007, p. 101). Même si l'on peut aussi considérer une certaine dose d'inventivité dans les constructions généalogiques sur le long terme, on soulignera que c'est précisément à ce roi Bhavavarman régnant à Bhavapura que Jayavarman VII rattache une partie de sa lignée, même de loin.

D'autres inscriptions mentionnent occasionnellement Bhavapura. C'est le cas de la stèle préangkorienne K. 1 de Vat Thlen (Chaudoc), très ruinée, qui mentionne des esclaves donnés sur ordre d'un Mratāñ Kloñ de Bhavapura (G. Cœdès, 1954, p. 28, lignes 2, 7 et 9). Pour M. Vickery, cet individu « probably designat[es] one of [Īśānavarman] sons, Śivadatta or the future Bhavavarman II » (M. Vickery, 1998, p. 94). Elle fait écho, en effet, à une seconde inscription, K. 1150 de la province de Prachin Buri, mentionnant Śivadatta considéré comme fils d'Īśānavarman, et « "maître" d'un bon nombre de cités, dont celle de Bhavapura » (Cl. Jacques, 1986, p. 79). Cependant, Gerdi Gerschheimer a repris l'étude détaillée de cette inscription dans le cadre du *Corpus des inscriptions khmères* (CIK) et conclut que son auteur, Śivadatta, ne peut être assimilé à un *fils* d'Īśānavarman et correspond plutôt à un gouverneur (communication personnelle, 2012). Indépendamment de la généalogie de ce Śivadatta, le fait que ce dernier ait eu la charge de Bhavapura lors du règne d'Īśānavarman démontre que cette ville était alors distincte de la capitale Īśānapura, et donc l'impossibilité de maintenir l'équivalence Bhavapura = Īśānapura.

D'autres mentions de Bhavapura, ponctuelles et d'époques différentes, ne permettent guère plus de localiser cette ville. L'inscription K. 939 d'Angkor Borei mentionne toutefois au milieu d'un texte très abîmé un « mratāñ kloñ bhavapura » (l. 2) et un « sruk bhavapura » (l. 7) (G. Cœdès, 1953, p. 56). Fort du parallèle avec les deux inscriptions précédentes, M. Vickery attribue K. 939 au règne d'Īśānavarman (M. Vickery, 1998, p. 339) et en déduit que, « as today, however, *sruk* could also refer to any unit of territory, as in K. 939, which records a *mratāñ kloñ* bhavapura in *sruk* bhavapura, which was at times also the residence of kings » (*ibid.*, p. 327). Il semble plus prudent de rejeter la dernière partie de cette interprétation puisque, outre que le nom d'Īśānapura est bien attesté pour la capitale d'Īśānavarman, l'inscription K. 939 ne mentionne pas le Mratāñ Kloñ bhavapura *dans* le sruk bhavapura, ces deux occurrences étant dans des parties de texte distinctes et nettement séparées par cinq lignes. Signalons encore l'inscription sur piédroit K. 253 de Vat Thipdey, situé à une quinzaine de kilomètres au nord de Puok (à l'ouest du Baray occidental), qui mentionne – sur une ligne rajoutée verticalement dans la marge gauche – que, « en 834 çaka [912 A. D., un] Mrateñ Sāṅvarṇa [de] Bhavapura alla à 'muṃ Cas dans le pays de Citraliṅ » faire une donation de terrain à une fondation correspondant vraisemblablement à Vat Thipdey (G. Cœdès, 1951, p. 103-104)[19]. On notera juste ici la date tardive de cette mention, et sa proximité avec Angkor. Légèrement postérieure, une autre inscription, K. 697, sur une stèle découverte à Ban That Thong (dans la province d'Ubon), présente un texte si difficile à lire et chargé d'incorrections que G. Cœdès en donne une traduction « essentiellement provisoire et proposée avec les plus expresses réserves » (G. Cœdès, 1964, p. 94). Datant probablement du règne d'Īśānavarman II nommé dans le texte, la stance IX mentionne une « corporation nommée Bhavapura » dont le rapport avec l'installation de gens de la lignée du fondateur est peu clair. Encore un peu plus tardive, la stèle K. 89 de Prah Nan (Kompong Cham) est datée de 1002 A. D. Elle relate divers dons et fondations dont, à la ligne 17, le transfert d'une fondation à « un homme de confiance du mratāñ kloñ Bhavapura » aux environs du règne de Jayavarman IV (G. Cœdès, 1951, p. 164-169).

Mentionnons enfin la référence à Bhavapura qui apparaît dans l'inscription chame C. 96 de Mỹ Sơn. Elle rapporte (st. XV-XXIII) comment le roi cham Prakāśadharman est né de l'union de Śrī Śarvāṇī, fille d'Īśānavarman et d'un prince (?) cham nommé Jagaddharma qui s'était rendu « par suite de certaines circonstances à la ville de Bhavapura » (L. Finot, 1904, p. 900-

19. Je remercie Dominique Soutif pour ses éclairages sur la lecture de ce texte.

901 et 923) ou, selon une source chinoise, « à la suite de fautes graves » (Cl. JACQUES, 2007, p. 37). On précisera tout d'abord que le terme utilisé n'est pas *Bhavapura* mais *puraṃ yad Bhavasāhva(yaṃ)*, traduit par Finot en « ville qui porte le nom de Bhava » et développé en note comme correspondant à « Bhavapura, la ville de Bhavavarman, c'est-à-dire le Cambodge » (L. FINOT, 1904, p. 923, n. 1). De plus, cette mention apparaît au tout début (st. XV) de cette digression généalogique cambodgienne dont le but final est de rattacher Prakāśadharman à cette lignée de Somā dont l'emplacement fondateur (remontant aux temps du brahmane Kauṇḍinya, uni à la fille du roi des Nāga, qui y plante un javelot mythique) est cette cité même de Bhavapura. La séquence qui suit (st. XX-XXIII), loue les souverains Bhavavarman Ier, Mahendravarman puis Īśānavarman, et atteste de la pureté de cette lignée où prend place la mère de Prakāśadharman, épousée par l'émigré/réfugié Jagaddharma. Ni l'endroit, ni le moment de cette union ne sont précisés. Seul élément attesté, l'arrivée de Jagaddharma à Bhavapura à une date indéterminée – qui peut être antérieure au règne d'Īśānavarman – et pour une période indéterminée. On ne peut ainsi exclure qu'il ait ensuite quitté ce lieu, par exemple lors d'un déplacement de capitale à Īśānapura, ou à l'inverse qu'il soit resté à Bhavapura ; il n'est d'ailleurs pas dit qu'il revient au Champa sous le règne de son fils, et ceci ne présente d'ailleurs guère d'intérêt : l'inscription insiste sur le lieu d'arrivée du migrant pour son importance en tant que berceau mythique de la lignée avec laquelle il va associer sa progéniture. Faute d'indication sur la localisation de Bhavapura, on retiendra donc surtout l'importance symbolique que revêt ce site dès le VIIe siècle, au-delà de sa capacité d'accueil intéressante pour des individus en délicatesse avec un royaume voisin.

Pour finir, on résumera la situation en soulignant combien K.162 ne fournit pas un élément si probant pour localiser Bhavapura au Prāsāt Ampil Rolu'm ou dans ses environs, et en reconnaissant qu'à l'heure actuelle, il n'y a pas d'information directe de localisation pour Bhavapura, bien que son souvenir soit demeuré dans le temps, particulièrement au Xe siècle, et jusqu'au règne de Jayavarman VII. Aussi peut-on construire un nouvel argumentaire se basant sur la série d'associations attestées : Bahavapura (est la capitale de) Bhavavarman Ier ; Bhavavarman Ier (place son règne sous les auspices de) Gambhīreśvara ; Gambhīreśvara (est la divinité centrale de) Ak Yum. Ces liens transitifs justifient pleinement que l'on considère une association entre Bhavapura et Ak Yum. Si on pouvait établir qu'Ak Yum était une fondation de Bhavavarman Ier, il en découlerait qu'il correspondrait donc très probablement à ce temple majeur de Bhavapura, ce qui localiserait ainsi celle-ci dans les environs du Baray occidental.

De l'ancienneté d'Ak Yum

Il faut pourtant reconnaître qu'on ne connaît pas vraiment de fondation attestée du règne de Bhavavarman Ier. Seule une inscription datée, K. 151 (G. Cœdès, 1943, p. 5-8), mentionne la « fondation d'un dieu, très exactement le dimanche 13 avril 598, vers 14h25 par un "roi vassal" » d'Indrapura (Cl. Jacques, 2007, p. 123). Elle fournit d'ailleurs la seule date de son règne et « la seule date précise connue au vi^e^ siècle, après celle de 514 qui marque la mort du roi Jayavarman du "Fou-nan" ; [...] on est là certainement à la fin de [la] vie [de Bhavavarman Ier], dont on peut supputer le début avant 550 » (Cl. Jacques, 1986, p. 69 ; 2007, p. 119). Encore faut-il préciser que cette date de 598 A. D. provient d'un texte plus tardif, du règne d'Īśānavarman, gravé sur un piédroit réemployé dans l'avant-corps ajouté à la tour préangkorienne L 5 de Robañ Romãs (I. Shimoda et S. Shimamoto, 2012, p. 27-29). Cette date ne peut donc pas être associée à un édifice particulier, pas plus que les quelques autres inscriptions qui font clairement référence à son règne[20]. Outre K. 151, ces inscriptions sont rares : K. 213 sur un rocher du Phnom Banteay Neang dans la province de Battambang (A. Barth, 1885, p. 26-28), K. 978 sur un pilier trouvé dans la forêt à une dizaine de kilomètres au nord de Si Thep (G. Cœdès, 1957, p. 1956-1957) et K. 359 sur une dalle à Veal Kantel près de Thala Borivat à Stung Treng (A. Barth, 1885, p. 28-31 ; M. Vickery, 1998, p. 75). Si l'on envisage donc comme domaine de recherche l'extension géographique du royaume de Bhavavarman Ier, « the inscriptions which name him do not permit certainty that he ever went north beyond the Dangrek mountains, and indicate that his territory was not very large, between the Tonle Sap and the Mekong. [...] There is no evidence that [he] ruled in the South » (M. Vickery, 1998, p. 330 et 335). Cette rareté des traces épigraphiques du règne de Bhavavarman Ier contraste avec l'abondance de celles relatives à son successeur Mahendravarman/Citrasena, documenté par plus d'une vingtaine d'inscriptions qui dessinent une vaste zone comprenant les bassins de la Mun et de la Chi et la vallée du Mékong du nord de Paksé au sud de Kratie[21].

Par ailleurs, les vestiges qui ont été globalement associés à cette époque posent une série de problèmes qui ne se limitent pas à la seule rareté des

20. On souligne ici sans la développer, faute de place, l'importance de l'inscription K. 978, et les problèmes posés par l'identité du Bhavavarman mentionné (G. Cœdès, 1964, p. 156-158) et l'autorité de ce souverain dans cette zone éloignée, contestée par un argumentaire de Cl. Jacques (1986, p. 69), lui-même critiqué par M. Vickery (1998, p. 77-78).

21. Je remercie Emmanuel Francis pour les informations qu'il a bien voulu nous communiquer sur un état actualisé des inscriptions de Mahendravarman et de leur répartition.

inscriptions. On connaît la grande variété propre à l'architecture préangkorienne (H. PARMENTIER, 1927 ; I. SHIMODA et T. NAKAGAWA, 2015), les difficultés rencontrées pour ordonner une typologie monumentale, et les limites de la capacité des catégories stylistiques à préciser des cadres chronologiques. C'est notamment le cas pour la période « primitive », « préangkorienne » ou du « Zhenla », comme l'ont illustré par exemple diverses études contradictoires, depuis les travaux de H. Parmentier (1927 ; 1932) et l'étude de R. Dalet (1944), dont les parties stylistiques et chronologiques ont été contestées par P. Dupont (1952) dans le sillage de Ph. Stern (1932) et de G. de Coral-Rémusat (1940). La majorité de ces études commençant de fait à partir du VIIIe siècle vu l'assise fournie par l'épigraphie, les débuts de la période demeurent peu documentés. Se distingue l'étude de M. Bénisti sur le cas de Thala Borivat (1968) qui reprenait et contestait les conclusions sur le groupe « pré-Sambor » identifié par P. Dupont en s'aventurant avant le VIIe siècle. Pour la période préangkorienne, J. Boisselier concluait même sa longue étude sur « les linteaux khmers du VIIIe siècle » en constatant que « les précisions chronologiques auxquelles nous croyions être parvenus, pour l'art khmer, sont partiellement remises en question [car elles] reposaient sur un excès de confiance dans la valeur des indices fournis par l'évolution des thèmes et des ensembles décoratifs » (1968, p. 142). Il sera sans doute opportun d'envisager une reprise en profondeur de ces problèmes, complétée par l'intégration des éléments apparus depuis les dernières décennies tant au Cambodge qu'en Thaïlande et au Laos[22], et l'introduction de moyens d'étude archéométriques, y compris de datations radiométriques sur des niveaux associés. Mais dans l'attente d'un tel travail, l'identification de fondations de Bhavavarman Ier semble prématurée, sinon pour identifier des structures qui prennent place schématiquement entre celles que l'on observe dans la capitale antérieure, Vat Phu, et celle qui suit à Sambor Prei Kuk. La connaissance de la chronologie monumentale sur ces deux sites demeure encore fragmentaire, imprécise ou mal assurée, d'autant que ces sites présentent diverses phases d'occupations qui compliquent encore sensiblement leurs histoires[23].

22. Notons par exemple les travaux dans la vallée du moyen Mékong (M. LORRILLARD, 2011), à Sambor Prei Kuk (I. SHIMODA, 2010) ou les premières prospections et sondages à Thala Borivat (P. HENG *et al.*, 2015).

23. D'importants travaux ont été réalisés à Sambor Prei Kuk par l'équipe de Waseda et le ministère de la Culture depuis 1998 (I. SHIMODA et S. SHIMAMOTO, 2012 ; I. SHIMODA, S. SO et M. CHHUM, 2015). Les datations publiées demeurent schématiques et ne précisent malheureusement pas la chronologie monumentale proposée par les études anciennes, ni ne prennent en considération des hypothèses récentes (Cl. JACQUES 2004). Sur le site de Vat Phu,

La situation n'est pas plus satisfaisante à Ak Yum. On a rappelé précédemment comment le temple, découvert en 1932, avait fait l'objet de dégagements partiels, rendus difficiles par l'ampleur des remblais de la digue du *baray* qui recouvre la pyramide. Depuis, les vestiges mis au jour ont grandement souffert de l'abandon et des pillages. Étudier ce temple et sa décoration est aussi particulièrement compliqué par les nombreuses modifications et réaménagements qui y ont pris place jusqu'au XIe siècle au moins[24]. J. Boisselier avait toutefois tenté ce travail en 1965, soulignant l'originalité des éléments décoratifs présentant des « caractéristiques aberrantes » qu'il tentait d'interpréter, identifiant des éléments des styles de Prei Khmeng et de Kompong Preah, et concluant globalement à un ensemble pouvant dater du début du VIIIe siècle (J. Boisselier, 1965 ; 1968, p. 129-130). Il faut toutefois préciser que cet auteur cherchait aussi à l'origine à démontrer l'antériorité de « cette authentique pyramide à gradins » au règne de Jayavarman II[25], en montrant la correspondance des éléments décoratifs d'Ak Yum avec la date la plus haute portée par les inscriptions du temple (J. Boisselier, 1965, p. 3 et 12). Or, on a vu précédemment que cette date correspondait à K. 749, mais était alors lue « x39 » śaka et restituée en 639 śaka, soit 717 A. D.[26]. Il est probable que nombre de ses interprétations doivent donc être revues à l'aune d'une date désormais restituée en 674 A. D., plus haute d'un demi-siècle. Paradoxalement, elles conforteront une autre conclusion de J. Boisselier, celle qui voit le style de Kompong Preah, auquel se rattache la plupart des éléments d'Ak Yum, « constitué dès le début du VIIe siècle » (J. Boisselier, 1966, p. 148).

les travaux réalisés depuis vingt ans ont montré l'importance du site et l'ancienneté de la ville entre la fin du Ve siècle et la fin du VIIe siècle (M. Santoni et S. Viengkèo, 1999 ; M. Santoni, 2008), mais les structures étudiées et datées restent encore rares.

24. « Les éléments de la décoration [sont] assez déroutants par rapport aux lignes d'évolution traditionnelles et plus encore du fait que, lors de la transformation du sanctuaire central, des éléments du décor des sanctuaires secondaires ont été réemployés pour le sanctuaire central » (J. Boisselier, 1965, p. 8).

25. La répercussion primordiale de cette datation, qui démontrait que la forme pyramidale était bien antérieure au règne de Jayavarman II, n'a cependant pas été mise en avant dans les publications suivantes de J. Boisselier. Son ouvrage de 1966 présente Ak Yum comme un temple « annonciateur ». Son article de 1968 préfère juste souligner que cette datation renforce la localisation d'Indrapura dans la région du Baray occidental.

26. J. Boisselier justifie cette restitution « en raison des indices archéologiques et épigraphiques non seulement du Pr. Ak Yum mais de toute la région : inscription du Baray occidental de Jayadevi datée 713 A. D., rien d'antérieur au style de Prei Khmeng » (J. Boisselier, 1965, p. 2-3).

Il reste que la date de 674 A.D. à Ak Yum est encore éloignée de la période de Bhavavarman Ier, même si cette date fait référence à une donation à Gambhīreśvara, à une époque où ce sanctuaire existait donc déjà depuis une période indéterminée. Si les inscriptions préangkoriennes sont rares dans la région d'Angkor, elles n'en sont toutefois pas absentes. À Angkor, la rareté de telles épigraphes s'explique très aisément par l'ampleur des aménagements réalisés à la période angkorienne dans cette zone, et les destructions des plus anciens vestiges. Nous avons récemment eu l'occasion de souligner ce point lors de la publication de K. 1278 – deux blocs inscrits en réemploi à Bakong – qui constitue l'une des plus anciennes inscriptions de la région d'Angkor, et qui « peut raisonnablement être attribuée aux VIe-VIIe siècles de notre ère. » (Ch. Pottier et D. Soutif, 2016).

En complément de ces quelques éléments de datations épigraphiques qui attestent d'installations dès les premiers temps préangkoriens, les datations radiométriques offrent désormais des données complémentaires et importantes. Cela a déjà été le cas à Prei Khmeng où nous avons pu estimer la date d'installation du temple brahmanique grâce une série d'analyses sur des charbons prélevés lors de fouilles stratigraphiques de 2000 à 2003. Trois datations au radiocarbone ont en particulier été réalisées sur une couche de cendres et de déchets organiques provenant d'un foyer enseveli sous les premiers remblais constitutifs du tertre du sanctuaire. La préservation exceptionnelle de cette couche, PKM0322018, montrait qu'elle avait été immédiatement recouverte par les remblais, et qu'elle correspondait donc au début de la construction du temple. Les résultats, cohérents malgré un effet probable de « vieux bois » sur au moins un échantillon, indiquent des âges radiométriques qui tombent malheureusement exactement dans le plateau des courbes de calibration aux Ve et VIe siècles. Traduits en âge calendaire, les résultats perdent donc en précision et produisent une fourchette de plus d'un siècle, allant du milieu du Ve à la fin du VIe siècle[27] (voir fig. 1 *infra*). Cette période est toutefois déterminante pour placer le moment de « l'hindouisation » dans la région d'Angkor puisqu'il s'agit pour l'instant

27. Parmi seize datations réalisées à Prei Khmeng dans le cadre de la mission Mafkata, trois concernaient des échantillons de l'unité stratigraphique (US) PKM0333018 :

OZH781, 1510±50 BP, 2σ : 427-638 A. D. (95,4 %) ;

NZA38003, 1539±20 BP, 2σ : 427-498 A. D. (51,4 %) & 504-576 A. D. (44,0 %) ;

NZA38047, 1600±15 BP, 2σ : 407-474 A. D. (41,7%) & 485-535 A. D. (53,7%).

Considérant que l'âge plus haut de NZA38047 provient d'un « vieux bois », il n'a pas été retenu par précaution pour le calcul de la date combinée de l'événement : 1535±19 BP qui produit une plage de 428 à 584 A.D. (95,4 %). Les calibrations et combinaisons présentées dans cet article ont été réalisées à l'aide d'OxCal v4.2.4., basé sur la courbe IntCal13.

du seul cas où une telle superposition y a été observée sans discontinuité. Malgré son manque de précision, cette fourchette montre aussi un écart significatif avec les datations communément associées au style de Prei Khmeng – du milieu du VIIe au milieu du VIIIe siècle – et la fondation du petit temple éponyme où l'on a d'ailleurs aussi mis au jour des éléments des styles de Sambor Prei Kuk et de Kompong Preah (Ch. Pottier *et al.*, 2000, p. 90-91).

À Ak Yum, l'archéologie apporte aussi une aide déterminante et plus précise. Les fouilles réalisées en 2001 et en 2012 ont permis de prélever en stratigraphie des charbons associés aux fondations du premier gradin de la pyramide à la hauteur de son perron sud (zone 1), à diverses occupations probablement domestiques associées au sud (zones 3, 11 et 12) et à des niveaux de remblaiements sur le sommet du temple (zone 10) (Ch. Pottier *et al.*, 2001, p. 25-36 ; 2012a, p. 10-12). Parmi les dix échantillons soumis à la datation radiométrique, quatre concernaient des niveaux de construction de la pyramide (OZK168 et OZH777 dans le caisson du premier gradin, NZA38000 dans la semelle devant ce gradin) ou sont considérés comme contemporains de son installation (OZK169 dans un foyer avec *kendi* stratigraphiquement associé à la base de la pyramide). Les six autres charbons se rapportaient à des aménagements plus tardifs : occupation domestique (NZA54713 dans une fosse au sud de la digue du *baray*), remblais sur le troisième gradin au pied du sanctuaire central (NZA54493, NZA54647 et NZA54494), remblaiement sur la base du premier gradin (NZA37955) et chaussée axiale sud installée sur un premier état de la digue (NZA54715 dans l'assise de la chaussée)[28].

28. L'origine stratigraphique des échantillons est indiquée entre crochets. Suivent la référence du laboratoire, l'âge radiocarbone (BP), puis la calibration à 2 sigma en âge calendaire.

[AKY1210016] NZA54493, 963±17 BP, 2σ : 1021-1052 A. D. (36,4 %) & 1081-1152 A. D. (59,0 %) ;

[AKY1212038] NZA54713, 990±16 BP, 2σ : 1010-1046 A. D. (80,6 %) & 1092-1122 A. D. (11,5 %) ;

[AKY1213007] NZA54715, 1002±15 BP, 2σ : 992-1038 A. D. (95,4 %) ;

[AKY0101019] NZA37955, 1358±20 BP, 2σ : 645-680 A. D. (95,4 %) ;

[AKY0101053] OZK168, 1480±35 BP, 2σ : 436-446 A. D. (1,2 %) & 472-486 A. D. (1,8 %) & 534-650 A. D. (92,3 %) ;

[AKY0103020] OZK169, 1485±35 BP, 2σ : 434-452 A. D. (2,3 %) & 470-487 A. D. (2,7 %) & 534-648 A. D. (90,4 %) ;

[AKY1210074] NZA54494, 1500±18 BP, 2σ : 538-610 A. D. (95,4 %) ;

[AKY0101053] OZH777, 1500±50 BP, 2σ : 428-498 A. D. (23,5 %) & 504-644 A. D. (71,9 %) ;

[AKY0101039] NZA38000, 1507±20 BP, 2σ : 535-611 A. D. (91,7 %) ;

[AKY1210051] NZA54647, 1550±21 BP, 2σ : 427-560 A. D. (95,4 %).

Les résultats se répartissent globalement sur deux périodes, comme escompté : la fondation de la pyramide d'Ak Yum et son ensevelissement dans la digue méridionale du Baray occidental[29] (fig. 1). On soulignera tout d'abord que ces datations permettent de préciser la date de la construction – au XIe siècle – du Baray occidental qui reposait essentiellement sur l'ensevelissement à Ak Yum de K. 752 portant la date 1001 A. D., et sur le style du Baphuon qui caractérise le Mebon construit au milieu du réservoir dont on ignore jusqu'au nom d'origine. Recoupées avec des datations réalisées sur des sites associés au *baray*, Poy Ta Chap et le Prāsāt Trapeang Sen[30], les dates radiométriques indiquent désormais que le premier état du *baray* a été construit durant le second quart du XIe siècle, ce qui en fait une création du roi Suryavarman Ier plutôt que de son successeur Udayadityavarman II. Constructeur du Baray occidental, le rôle majeur de ce souverain réformateur se confirme donc au sein même de la capitale angkorienne, en complément de la construction du Baphuon (St. LEROY *et al.*, 2015).

Les datations relatives à la création d'Ak Yum offrent un ensemble cohérent, mais étonnant au premier abord puisqu'il se situe dans la seconde moitié du VIe siècle, un siècle environ avant la plus haute date épigraphique et les datations avancées pour sa décoration. La date moyenne combinée des quatre échantillons est de 1498±15 BP et produit une plage d'environ un demi-siècle, de 543 à 604 A. D. (558-593 A. D. à 1σ) (fig. 1)[31]. Force est de reconnaître l'excellente concordance de cette fourchette radiométrique avec le règne de Bhavavarman Ier tel qu'il est communément envisagé (avant 550-après 598 A. D., d'après Cl. Jacques [2007, p. 119]). En rappelant que l'on parle de la construction de la pyramide d'Ak Yum – et non pas

29. Trois prélèvements réalisés dans les couches de remblais d'ensevelissement du sanctuaire (NZA37955, NZA54647 et NZA54494) ont produit des dates proches, voire similaires à celle de la construction de la pyramide. Pour les deux dernières, il semble que ces couches proviennent de la destruction de certaines parties de la pyramide, probablement sur la face nord dont le premier gradin a été largement oblitéré par le creusement du *baray*. La date NZA37955 provient d'un charbon vraisemblablement lié à une occupation postérieure à la fondation du temple, et englobé dans une couche de remblaiement (AKY0101019) associée à un premier état de la digue du *baray*.

30. Les échantillons d'Ak Yum ont été recoupés avec des prélèvements réalisés en fouille dans des niveaux considérés comme contemporains de la construction du Baray occidental, sur les sites de Poy Ta Chap – enseveli aussi sous la digue du *baray* – et de Prāsāt Trapeang Sen – établi sur une extension de cette digue, respectivement [PTC1202151] NZA54492 : 970±17BP et [PTS1501117] DAMS010443 : 949± 23BP (Ch. POTTIER *et al.*, 2013, p. 14-15 ; Ch. POTTIER *et al.*, 2015, p. 17).

31. La date combinée de l'évènement est réduite à 541-595 A. D. à 2σ (545-572 A. D. à 1σ) si l'on intègre les échantillons NZA54647 et NZA54494, en réemploi dans les remblais supérieurs, dont la datation est cohérente avec celle de la fondation de la pyramide.

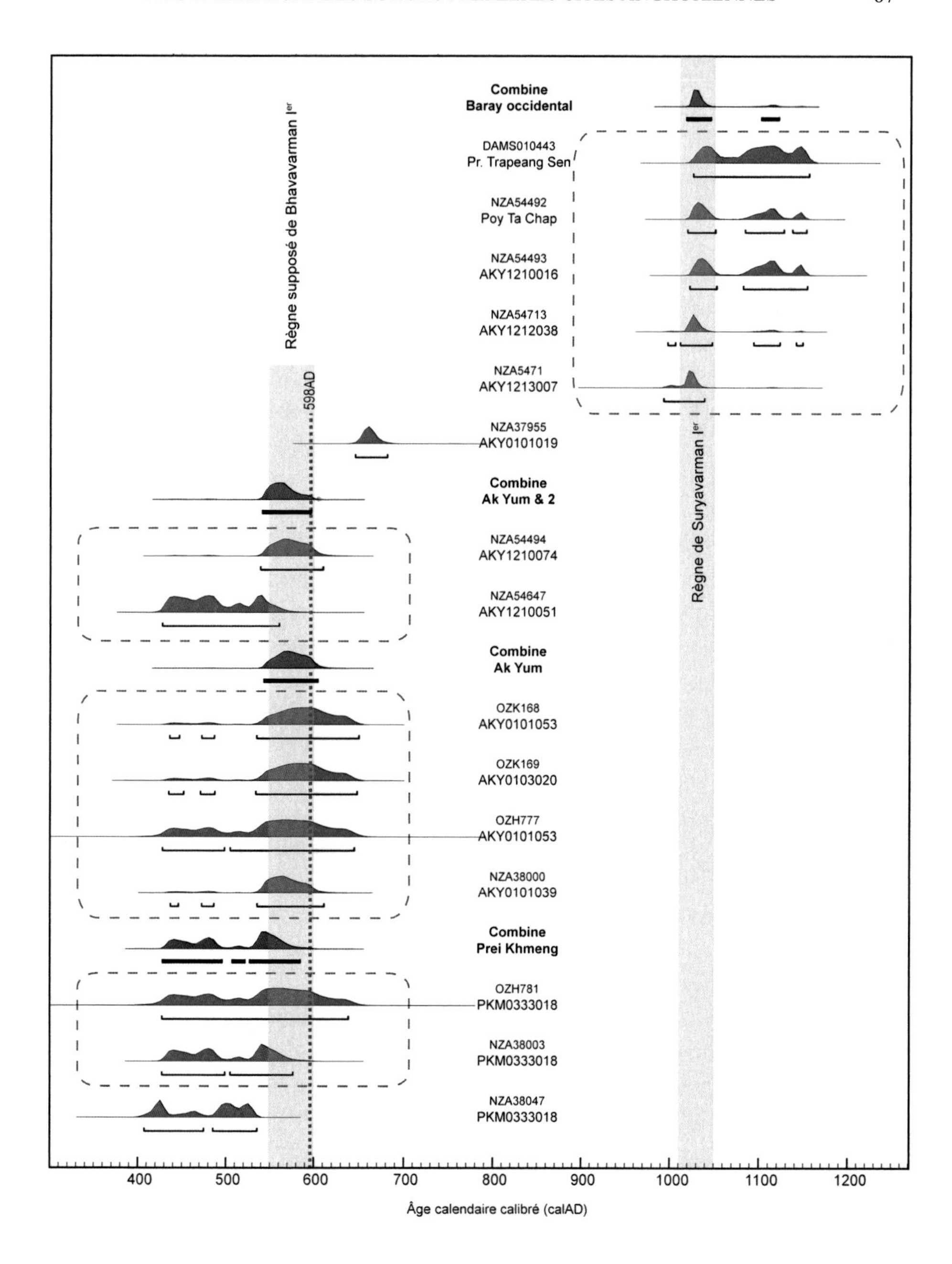

Fig. 1. – Tableau récapitulatif des dates radiométriques et modélisées obtenues à partir d'échantillons de charbons prélevés en fouille à Ak Yum, Prei Khmeng, Poy Ta Chap et Pr. Trapeang Sen.

nécessairement de la construction de telle tour ou de la taille de tel décor – le moment désigné par les datations radiométriques correspond donc parfaitement à la période de Bhavavarman Ier et ne recoupe pas d'autre règne connu. Dans ces conditions, il semble justifié de proposer que le sanctuaire de Gambhīreśvara à Ak Yum a été fondé par Bhavavarman Ier et que, marquant de sa forme monumentale et pyramidale le centre religieux de la capitale du souverain, il indique par là-même l'emplacement de Bhavapura[32].

Dans cette perspective, qu'il reste à affiner, Ak Yum constitue donc nettement un premier cas de temple pyramidal qu'il s'agira désormais de replacer dans une évolution de ce type d'édifices pour lesquels quelques éléments nouveaux sont apparus ces dernières années à Sambor Prei Kuk, Rong Chen et Si Thep. L'apparition du temple-montagne dès le règne de Bhavavarman Ier donne une nouvelle dimension à une réflexion que J. Boisselier se faisait en 1965 à propos d'Ak Yum, en voyant dans l'association avec le culte de Gambhīreśvara « peut-être les raisons profondes de la fortune du temple sur pyramide. […] Ce serait en tant que successeurs légitimes du fondateur du Tchen-la que les souverains [angkoriens] construisirent un temple sur pyramide et non pour les besoins de rites particuliers... » (J. Boisselier, 1965, p. 7-8). S'interrogeant aussi sur la forme Gambhīreśvara, il avançait alors que la pyramide pourrait symboliser l'ordre cosmique. L'ancienneté de cette forme pyramidale et son association première avec Gambhīreśvara consoliderait aussi l'argumentaire de Wales qui soulignait le caractère chtonien de cette divinité et des temples-montagnes angkoriens, interprétant ces derniers comme « a revival, albeit one transformed by Indian thought, of the chthonic source of the divine power » (D. K. Swearer, 1995, p. 78-79). Quoi qu'il en soit, l'étude de configuration de la pyramide d'Ak Yum et l'histoire de son évolution prennent désormais une dimension supplémentaire.

Les répercussions d'une telle datation pour Ak Yum nous obligeront probablement à revoir aussi le tout début de l'historiographie de l'empire khmer, dès les règnes des premiers souverains non mythiques. D'ailleurs, la présence de Bhavapura dans la région de ce qui deviendra Angkor, soulève aussi des questionnements sur les interprétations avancées pour contextualiser les mouvements des capitales du « Founan » au « Zhenla ». Elle suggère aussi que l'on revoie notre lecture des enchaînements et des

32. Cette identification n'exclut pas l'existence possible d'autres sanctuaires dédiés à Gambhīreśvara.

relations entre les établissements de cette période[33]. Elle implique que l'on intègre profondément dans la lecture de l'histoire urbaine d'Angkor l'idée de la conscience historique qu'Angkor avait d'elle-même et le rôle que cette conscience a eu dans les ruptures et les permanences.

Réexamen d'Hariharālaya

Pour poursuivre la présentation des résultats de la Mission archéologique franco-khmère sur l'aménagement du territoire angkorien, j'ai mentionné précédemment que nos fouilles se sont déplacées entre 2004 et 2009 dans la région de Roluos où les sources épigraphiques placent la capitale de Hariharālaya. Je ne développerai pas ici l'importance que revêt cette capitale dans l'histoire et l'historiographie du Cambodge ancien, mais rappellerai seulement combien cette capitale est liée à la naissance d'Angkor et constitue, pour de nombreux auteurs, la « première » capitale angkorienne, la « première » cité hydraulique et un modèle cohérent de l'urbanisme angkorien. Lieu de résidence de Jayavarman II, Hariharālaya voit aussi le règne de son fils Jayavarman III mais les édifices principaux qui y ont été identifiés n'apparaissent qu'avec le roi Indravarman Ier, sur la foi des inscriptions qu'il y fait graver à partir de son sacre en 877 A. D. Nos travaux visaient donc à préciser l'organisation et la chronologie de la capitale de Hariharālaya. Il faut toutefois noter que la région de Roluos présente une concentration de petits temples parmi lesquels on distinguera ici le Prāsāt Trapeang Phong où Briggs et Groslier avait proposé de placer la résidence de Jayavarman II (L. P. Briggs, 1951, p. 84 ; B.-Ph. Groslier 1958, p. 39), le second y identifiant aussi une configuration de « trapéang étagés » annonciatrice selon lui de l'hydraulique angkorienne. Mais les sites monumentaux les plus visibles de Roluos constituent les éléments principaux de la capitale attribuée à Indravarman Ier: le *baray* de Lolei (l'Indrataṭāka), un grand réservoir de 4 km de long, le temple de Preah Kô souvent qualifié de temple aux « ancêtres » (Ch. Pottier et R. Lujàn-Lunsford, 2007) et celui du Bakong,

33. Signalons les travaux réalisés récemment à Sambor Prei Kuk, notamment sur l'étude de l'organisation urbaine d'Īśānapura, qui présente encore certaines difficultés. On a mentionné plus haut combien une meilleure chronologie monumentale de la zone de temples serait utile. Dans la partie occidentale du site, nommée abusivement « moated city », des fouilles ont été engagées depuis 2007 pour identifier et dater l'habitat, le palais supposé s'y trouver et les douves. À ce jour, sur plus d'une vingtaine de datations radiométriques obtenues en zone d'habitat et dans les douves, quinze pointent vers des périodes d'installations nettement antérieures à la période d'Īśānavarman, vers le ve et le début du vi^e^ siècle (I. Shimoda, S. So et M. Chhum, 2015, p. 37-41). Quant au palais, les exemples angkoriens suggèrent à notre avis de le chercher plutôt au nord, à Robaň Romās.

un temple pyramidal monumental enclos dans une série de douves et d'enceintes concentriques carrées, dont l'enceinte extérieure couvrait environ 1 km^2 et comprenait une vingtaine de sanctuaires-satellites régulièrement disposés. Depuis l'étude de Philippe Stern de 1951, *Diversité et rythme des fondations royales khmères*, cet ensemble constitué du *baray*, du temple dédié aux ancêtres et de la pyramide a fourni un modèle influent pour appréhender et expliquer l'urbanisme angkorien jusqu'au XIIIe siècle, bien que nulle recherche archéologique n'ait été menée pour confirmer l'existence d'aménagements urbains associés à ces structures monumentales.

La mission s'est donc d'abord concentrée dans un premier temps sur deux sites clés, le Bakong et le Trapeang Phong, dont les configurations sont si différentes et, à mon sens, complémentaires. Le premier présente un plan monumental organisé et centralisé qui suggère une « ville » systématiquement planifiée, alors que le second montre une composition de bassins plus modestes et de nombreux terre-pleins indépendants groupés de manière « organique ». Leur étude conjointe et comparative visait donc à étudier un moment-charnière emblématique. Les campagnes ont consisté en une série d'études diagnostiques pour préciser dans chaque site les modalités d'installation des structures et des habitats, leurs densités et les séquences d'occupations.

À Trapeang Phong, dont le temple avait déjà été dégagé en 1936, l'objectif principal visait à localiser les habitats associés en étudiant les nombreux terre-pleins périphériques, tant ceux présentant une ébauche de géométrisation aux abords de bassins que ceux plus irréguliers (Ch. Pottier et A. Bolle, 2007). Devant l'ampleur du site, nous avons réalisé sur deux campagnes plus de vingt-cinq sondages sur une quinzaine de localisations distinctes. Ils ont rapidement montré que les installations géométrisées autour de deux grands bassins correspondent en fait à un profond remodelage du site réalisé à une période bien plus tardive, que les datations radiocarbone et l'étude de la céramique placent aux XIe et XIIe siècles. Par contre, de riches séquences d'habitat ont été repérées sur les nombreux petits terre-pleins rectangulaires qui se concentrent à l'ouest du temple suivant un mode et une densité déjà observés dans d'autres sites « préangkoriens » de la région. Plusieurs de ces terre-pleins ont d'ailleurs montré une longue séquence d'occupation domestique continue, du VIIe siècle au moins jusqu'au XIVe siècle. Ces occupations permettent de restituer la configuration du site autour du temple primitif qui a d'ailleurs probablement donné son nom à la cité de Hariharālaya que l'on voit apparaître avec Jayavarman II. Elles permettent aussi de suivre son évolution et sa densification progressive. Trapeang Phong apparaît donc désormais, non plus comme une hypothétique résidence royale ou un prototype hydraulique, mais comme un site caractéristique des premiers établissements « préangkoriens » dans la région, mais aussi représentatif des nombreuses installations « villageoises », à la configuration ouverte et cellulaire qui perdurera durant le début de la période angkorienne.

À Bakong, trois campagnes de fouilles de 2004 à 2006 et de longues sections au travers des diverses enceintes, depuis le temple jusqu'à la douve extérieure, ont permis de confirmer la synchronie du plan d'ensemble originel et de souligner l'ampleur exceptionnelle des travaux engagés pour l'époque, en marge de l'édification du temple lui-même. Le volume des remblais mis en œuvre témoigne d'une nouvelle attitude remodelant profondément l'environnement existant, et d'une remarquable échelle d'intervention et de planification. Mais les sondages ont aussi révélé une relative parcimonie des installations domestiques qui détonne nettement avec l'idée, aussi communément que superficiellement admise, d'une forte densité d'habitat autour des temples pyramidaux à l'époque. Il apparaît dès lors que le vaste aménagement géométrisé du Bakong ne correspond pas à un schéma urbain densément habité, mais plutôt à un ensemble religieux occupé par quelques installations monastiques éparses (Ch. Pottier *et al.*, 2008). D'un point de vue chronologique, les fouilles ont permis la collecte de nombreux artefacts et échantillons qui, confrontés à nos stratigraphies et confortés par une quinzaine de datations radiométriques, permettent de placer la fondation du site de Bakong durant la seconde moitié du VIIIe siècle, soit un siècle avant le règne d'Indravarman Ier et avant même probablement celui de Jayavarman II (Ch. Pottier *et al.*, 2008, p. 250). De plus, alors que des constructions montrent que le temple central de Bakong était encore actif au moins jusqu'au XIIe siècle, la faible ampleur chronologique des occupations relevées autour du temple suggère une importante contraction des espaces cultuels à la fin du IXe siècle, après l'abandon de Hariharālaya comme capitale pour aller fonder Yaśodharapura (D. Penny *et al.*, 2006).

Forts de la mise en évidence d'une nette différenciation d'occupation entre les nombreux établissements du type de Trapeang Phong et le complexe monumental et religieux du Bakong, il restait à identifier un élément majeur mais manquant à cette capitale : son palais. L'installation palatiale constituait en effet à notre avis le troisième et dernier type d'élément structurant qui caractérisait cette capitale angkorienne, ne serait-ce que pour justifier de son statut de « capitale ». Le problème était que l'on ignorait où ce palais avait été installé. Il y a presque quatre-vingts ans, G. Cœdès avait bien proposé lors d'une conférence deux possibilités, Prei Monti ou Preah Kô, mais nulle recherche n'avait été entreprise pour résoudre la question (G. Cœdès, 1938). L'architecture palatiale reste par ailleurs largement méconnue à Angkor : le seul palais localisé, celui d'Angkor Thom, a été étudié et fouillé à plusieurs reprises mais ces études n'ont, à ce jour, jamais été publiées. Force est de reconnaître que les principaux travaux sur la chronologie des cités angkoriennes depuis V. Goloubew, tels ceux de J. Boisselier (1953), de Ph. Stern (1951), ou même de B.-Ph. Groslier (1979), n'ont accordé aucun, sinon très peu d'intérêt aux palais en tant qu'élément urbain générateur. Nos précédentes études (Ch. Pottier, 1999) nous suggéraient toutefois de chercher ce palais sur le site de Prei Monti, essentiellement connu pour son petit temple inachevé, attribué aux règnes d'Indravarman Ier ou de Yaśovarman Ier, seul vestige visible dans un vaste quadrilatère de 800 m par 530 m délimité par une simple douve. Le relevé topographique réalisé au préalable en 2006, malgré les cultures, les habitations et la forêt dense qui recouvre encore les 44 hectares du site, mettait distinctement en évidence une organisation géométrisée des microreliefs, en particulier l'existence d'une plateforme centrale de 400 m par 230 m.

Deux campagnes de fouilles en 2007 et 2008 ont ouvert à Prei Monti quinze secteurs de fouilles dans le quart nord-est du grand quadrilatère, sur une longueur totale d'environ 1000m de tranchées pour établir les liens entre les divers éléments structurant le site : la douve, le temple, une large plateforme centrale et un bassin au nord de celle-ci. L'objectif était d'évaluer l'ampleur stratigraphique et la périodisation de chaque zone, ainsi que de rechercher des structures et les niveaux d'occupation éventuels (Ch. Pottier *et al.*, 2012b, p. 292-294). Les fouilles ont révélé un nombre important d'aménagements et diverses occupations de natures et de périodes distinctes, se succédant globalement sur cinq phases dont seule la seconde a été interprétée comme celle d'une installation palatiale. Il est à noter que la fondation du temple de brique de Prei Monti correspond à une autre phase bien distincte et qui fait suite au démantèlement complet du palais. Ce dernier se caractérise par des travaux de remblaiement massifs réalisés pour la constitution de l'enceinte et de ses éléments topographiques majeurs, notamment la douve, la plateforme centrale et le bassin nord. L'espace du vaste quadrilatère s'organise alors par l'édification d'un ensemble de structures (bâtiments, galeries, terrasses, drains maçonnés) toutes strictement orientées et mettant en œuvre des matériaux (latérite, brique, bois) et des techniques constructives comparables à celles rencontrées dans les fondations religieuses royales. Les vestiges de ces structures appareillées et des bâtiments en bois de forte ossature indiquent une occupation exceptionnelle que nos fouilles n'ont jamais rencontrée ailleurs à Roluos dans des contextes domestiques habituels. Seul le palais royal d'Angkor Thom, et le site de Banteay, autre site palatial potentiel situé sur le plateau des Kulen fouillé depuis 2009 sous la direction de Chevance, ont pour l'instant fourni de tels vestiges dans un contexte séculier (J.-B. Chevance, 2011). À ces installations singulières sont associés des niveaux d'occupation riches en mobilier (principalement céramique, verre, métaux, bois). Si l'assemblage général est chronologiquement cohérent avec les autres sites étudiés à Roluos, il s'en distingue fortement par une quantité exceptionnelle – et totalement singulière – de céramiques importées de qualité, provenant de la Chine des Tang et du Moyen-Orient (Ch. Pottier *et al.*, 2012b). Par exemple, la proportion des céramiques importées varie aux alentours de 3 % dans les sites de cette époque, mais atteint plus de 20 % dans certains secteurs de Prei Monti. En plus de la présence de vestiges constructifs monumentaux mais séculiers, la quantité et la qualité de ces céramiques importées confirment le statut exceptionnel du lieu et apportent un argument supplémentaire pour considérer que le site de Prei Monti correspond bien au palais royal de Hariharālaya. Enfin, la richesse du matériel d'importation retrouvé à Prei Monti ouvre des perspectives inédites pour souligner la connexion de la capitale khmère au réseau d'échanges maritimes en vigueur à cette époque, malgré un isolement apparent dans son arrière-pays.

J'achèverai ma présentation ici en rappelant comment la cité de Hariharālaya présente, sur une superficie de quelques 30 km², un semis d'établissements cellulaires parfois très anciens, tels que Trapeang Phong, au cœur duquel prend place, avant le IXe siècle, une composition urbaine monumentale, « ouverte » et fondée sur un schéma dual temple-montagne et palais royal où la place centrale et la plus élevée est réservée au temple, mais où la position seconde du palais génère aussi d'importants aménagements, notamment axiaux. Dans cette perspective, les autres cités de cette période montrent un schéma urbain remarquablement comparable, tant à Īśānapura (Sambor Prei Kuk) aux VIIe et VIIIe siècles qu'à Mahendrapura, sur le plateau du Kulen vers la fin du VIIIe et le début du IXe siècle, où les travaux récents conduits par J.-B. Chevance et les couvertures LiDAR révèlent de nombreuses caractéristiques similaires malgré un environnement de plateau contraignant (J.-B. Chevance, 2011 ; D. Evans *et al.*, 2013). Il me semble donc que la comparaison peut s'étendre encore avec les sites des environs du Baray occidental, où les données radiométriques de nos fouilles suggèrent que ce schéma ait pu déjà exister en grande partie à partir de la fondation de la pyramide d'Ak Yum par Bhavavarman Ier dans la seconde moitié du VIe siècle. Nous n'avons pu, à ce jour, identifier l'emplacement d'un palais associé à ce temple, et il est à craindre qu'il aura disparu lors du creusement du *baray*. Mais d'ores et déjà, les autres sites contemporains fouillés ou repérés dans la région du Baray occidental, que l'on peut identifier à la cité de Bhavapura, témoignent d'une extension territoriale importante qui suggère qu'on y place l'émergence d'une tradition urbaine ancienne et singulière dans la plaine d'Angkor. De nombreux détails restent donc encore à approfondir dans ce schéma, mais il repose sur un dualisme hiérarchisé, basé sur les centres de pouvoir, le divin et le séculier, qui structurent et articulent l'espace des capitales khmères. En soulignant l'importance des installations palatiales dans le schéma urbain en parallèle à celle des temples pyramidaux, une lecture diachronique des débuts de l'urbanisme khmer permet de reconsidérer les permanences et de mieux distinguer les évolutions, en dépassant notamment la distinction – sinon l'opposition – qui semble prévaloir à la période angkorienne entre la résilience d'un palais et l'apparente mobilité des grands temples-montagnes.

Christophe Pottier

*

* *

BIBLIOGRAPHIE

Auguste Barth, 1885, *Inscriptions sanscrites du Cambodge*, Paris, Imprimerie nationale.

Mireille Bénisti, 1968, « Recherches sur le premier art khmer : I. Les linteaux dits de Thala Borivat », *Arts asiatiques* 18, p. 85-101.

Roger Billard et John Christopher Eade, 2006, « Dates des inscriptions du pays khmer », *BEFEO* 93, p. 395-428.

Jean Boisselier, 1953, « Les anciennes capitales du Cambodge », *Cambodge, revue illustrée khmère*, Phnom-Penh, 1er janvier 1953, no 1, p. 17-24.

—, 1965, *Cours manuscrit sur le Prasat Ak Yum*, 12 pages manuscrites.

—, 1966, *Le Cambodge. Manuel d'archéologie d'extrême-orient, Asie du sud-est*, t. I, Paris, Picard.

—, 1968, « Les Linteaux Khmers du viiie siècle. Nouvelles données sur le style de Kompong Prah », *Artibus Asiae* 30/2-3, p. 101-144.

Lawrence Palmer Briggs, 1951, « The Ancient Khmer Empire », *Transactions of the American Philosophical Society*, n. s. 41/1, p. 1-295.

Bruno Bruguier, 1994, « Le Prasat Ak Yum. État des connaissances », in *Recherches nouvelles sur le Cambodge*, F. Bizot éd., Paris, EFEO (Études Thématiques, 1), Paris, p. 273-296.

Bruno Bruguier et Juliette Lacroix, 2011, *Guide archéologique du Cambodge*, t. II (*Sambor Prei Kuk et le bassin du Tonle Sap*), Phnom Penh, Les Éditions du Patrimoine.

Jean-Baptiste Chevance, 2011, *Le Phnom Kulen à la source d'Angkor, nouvelles données archéologiques*, Thèse de doctorat sous la dir. de Michel Jacq-Hergoualc'h, Université de Paris III Sorbonne nouvelle, 3 vol.

Gilberte de Coral-Rémusat, 1940, *L'art khmer. Les grandes étapes de son évolution*, Paris.

George Cœdès, 1928, « Études cambodgiennes », *BEFEO* 28, p. 81-146.

—, 1933, « Cambodge » [Épigraphie], in « Chronique de l'année 1932 », *BEFEO* 33, p. 529-532.

—, 1937, *Inscriptions du Cambodge*, vol. 1 (Textes et documents 3), Hanoi, 323 p.

—, 1938, « Le fondateur de la royauté angkorienne et les récentes découvertes archéologiques au Phnom Kulen », *Cahiers de l'EFEO* 14, p. 40-48.

—, 1943, « Quelques précisions sur la fin du Fou-nan », *BEFEO* 43, p. 1-8.

—, 1951, *Inscriptions du Cambodge*, vol. III, Hanoi, Publ. EFEO, 254 p.

—, 1952, *Inscriptions du Cambodge*, vol. IV, Hanoi, Publ. EFEO, 269 p.

—, 1953, *Inscriptions du Cambodge*, vol. V, Hanoi, Publ. EFEO, 332 p.

—, 1954, *Inscriptions du Cambodge*, vol. VI, Hanoi, Publ. EFEO, 337 p.

—, 1964, *Inscriptions du Cambodge*, vol. VII, Hanoi, Publ. EFEO, 204 p.

—, 1956, « Nouvelles données sur les origines du royaume khmèr : la stèle de Văt Luong Kău près de Văt P'hu », *BEFEO* 48, p. 209-220.

—, 1962, *Les peuples de la péninsule indochinoise : histoire, civilisations*, Paris, Dunod.

—, 1989, *Les États hindouisés d'Indochine et d'Indonésie*, Paris, De Boccard.

George Cœdès et Pierre Dupont, 1943, « Les stèles de Sdŏk Kăk Thoṃ, Phnom Sandak et Práh Vihār », *BEFEO* 43, p. 56-154.

Robert Dalet, 1944, « Recherches archéologiques au Cambodge. Note sur les styles de Sambor Prei Kuk, de Prei Kmen, de Kompon Prah et du Kulen », *Bulletin de la Société des Études indochinoises* n. s. 19/2, p. 7-83.

Pierre Dupont, 1943, « La dislocation du Tchen-la et la formation du Cambodge angkorien (viie-ixe siècle) », *BEFEO* 43, p. 17-55.

—, 1952, « Les linteaux khmers du viie siècle », *Artibus Asiae* 15/1-2, p. 31-83.

Damian Evans, Christophe Pottier, Roland Fletcher, Scott Hensley, Ian Tapley, Anthony Milne et Michael Barbetti, 2007, « A comprehensive archaeological map of the world's largest preindustrial settlement complex at Angkor, Cambodia », *Proceedings of the National Academy of Sciences* (PNAS), September 4, 104/36, p. 14277-14282.

Damian Evans, Roland Fletcher, Christophe Pottier, Jean-Baptiste Chevance, Dominique Soutif, Boun Suy Tan, Sokrithy Im, Darith Ea, Tina Tin,

Samnang KIM, Christopher CROMARTY, Stéphane DE GREEF, Kasper HANUS, Pierre BÂTY, Robert KUSZINGER, Ichita SHIMODA et Glenn BOORNAZIAN, 2013, « Uncovering archaeological landscapes at Angkor using lidar », *Proceedings of the National Academy of Sciences* (PNAS), 2013 July 30, 110/31, p. 12595-12600.

Louis FINOT, 1904, « Notes d'épigraphie : XI. Les inscriptions de Mi-Sơn », *BEFEO* 4, p. 897-977.

Bernard-Philippe GROSLIER, 1958, *Travaux dans la région de Roluos, rapport préliminaire janvier-juin 1958*, 14 juin 1958, Siemreap, Document dactylographié, 22 p. [publié in B.-Ph. GROSLIER, 1997, p. 33-50].

—, 1979, « La cité hydraulique angkorienne : exploitation ou surexploitation du sol ? », *BEFEO* 66, p. 161-202.

—, 1997, *Mélanges sur l'Archéologie du Cambodge*, Jacques Dumarçay éd., Paris, EFEO (Réimpressions de l'EFEO, 10), 296 p.

Claude JACQUES, 1971, « Études d'épigraphie cambodgienne. VI. Sur les données chronologiques de la stèle de Tûol Ta Pec (K. 834) » *BEFEO* 58, p. 163-176.

—, 1972, « Études d'épigraphie cambodgienne : VII. Sur l'emplacement du royaume d'Aninditapura. VIII. La carrière de Jayavarman II », *BEFEO* 59, p. 205-220.

—, 1986, « Le pays khmer avant Angkor », *Journal des savants*, 1986, p. 59-95.

—, 1990, *Angkor*, Bordas, Paris.

Claude JACQUES et Philippe LAFOND, 2004, *L'Empire khmer. Cités et sanctuaires (ve-xiiie siècles)*, Paris, Fayard.

Claude JACQUES, Yoshiaki ISHIZAWA et KHIN Sok, 2007, *Manuel d'épigraphie du Cambodge*, vol. 1, Paris, EFEO.

Stéphanie LEROY *et al.* (Mitch HENDRICKSON, Emmanuelle DELQUÉ-KOLIC, Enrique VEGA et Philippe DILLMANN), 2015, « First Direct Dating for the Construction and Modification of the Baphuon Temple Mountain in Angkor, Cambodia », *PLoS ONE* 10/11: e0141052.

Paul LEVY, 1970, « Thala Borivat ou Stu'n Tren : sites de la capitale du souverain khmer Bhavavarman Ier », *Journal Asiatique* 258/1-2, p. 113-129.

Michel LORRILARD, 2011, « Par-delà Vat Phu : données nouvelles sur l'expansion des espaces khmer et môn ancien au Laos (I) », *BEFEO* 97-98, p. 205-270.

Henri PARMENTIER, 1913, « Complément à l'inventaire descriptif des monuments du Cambodge », *BEFEO* 13, p. 1-64.

—, 1927, *L'art khmer primitif*, Paris-Bruxelles, EFEO-Vanoest, 2 vol.

—, 1932, « L'art présumé du Fou-nan », *BEFEO* 32, p. 183-189.

Dan PENNY, Christophe POTTIER, Roland FLETCHER, Mike BARBETTI, David FINK et Quan HUA, 2006, « A palynological record of vegetation and land-use change from Angkor – Hariharalaya », *Antiquity* 80/309, p. 599-614.

HENG Piphal *et al.* (VITOU Phirom, MUONG Chanraksmey, VITOU Akphivat, MOUL Komnet, SOM Thon, CHRAI Chantha, HENG Halavan, CHRON Monika, MAK Doeung, Hannah ARHNOLD, CHAP Sopheara, BEN Sokvat, Michelle DAIGLE, LANH Udomreangsey, SOK Sovannarith, SENG Kompheak, CHHOEM Sotha, LOEK Saroeung, HENG Hangphumihan, THON Sophanarith, OUM Vutha et HONN Channara), 2015, *Preliminary Report: Archaeological sites and excavations in Stung Treng, Thala Borivat, and Sesan (Stung Treng Province), Report for the Ministry of Culture and Fine Arts, Cambodia* (en khmer), Siem Reap, 2015, 50 p. [non publié].

Christophe POTTIER, 1999, *Carte archéologique de la région d'Angkor-Zone Sud*, thèse de doctorat sous la dir. de Bruno Dagens, 3 vol., Université Sorbonne nouvelle-Paris 3 (UFR Orient et Monde arabe).

—, 2005, « Travaux de recherche récents dans la région d'Angkor », *Comptes rendus des Séances de l'Académie des Inscriptions et Belles-Lettres* 2003, fasc. I (janvier-février), p. 427-449.

—, 2006, « Under the Western Baray waters », *Uncovering Southeast Asia's Past*, 10th EurASEAA Conference, NUS Press, Singapour, p. 298-309.

Christophe POTTIER, Alexandrine GUÉRIN, Than HENG, Sokrithy IM, Chan KHIEU et Éric LLOPIS, 2000, *Mission archéologique franco-khmère sur l'aménagement du territoire angkorien [MAFKATA]. Rapport sur la campagne de fouilles 2000*, EFEO, 137 p. [non publié].

—, 2001, *Mission archéologique franco-khmère sur l'aménagement du territoire angkorien [MAFKATA]. Rapport préliminaire sur la campagne de fouilles 2001*, EFEO, 99 p. [non publié].

—, 2004, Christophe POTTIER, Sachara PHIN VICHEAR, Than HENG, Rachna CHHAY et Fabrice DEMETER, « Koh Ta Méas, un site inédit dans le baray occidental », *UDAYA* 5, p. 167-191.

Christophe POTTIER et Rodolfo LUJÀN-LUNSFORD, 2007, « De brique et de grès. Précisions sur les tours en brique de Preah Kô », *BEFEO* 92, p. 457-495.

Christophe POTTIER, Annie BOLLE, Éric LLOPIS, Dominique SOUTIF, Socheat CHEA, Sang SUM, Komsan HENG et Dara PHOEUNG, 2008, « Bakong, soixante ans après », in *From Homo Erectus to the living traditions. Choice of papers from the 11th International Conference of the EurASEAA, Bougon, 25th-30th September 2006*, J.-P. Pautreau, A.-S. Coupey, V. Zeitoun et E. Rambault éd., Chiang Mai, Siam Ratana, p. 244-250.

Christophe POTTIER et Annie BOLLE, 2009, « Le Prasat Trapeang Phong à Hariharâlaya : histoire d'un temple et archéologie d'un site », *Aséanie* 24, p. 61-90.

Christophe Pottier *et al.* (Annie Bolle, Armand Desbat, Socheat Chea, Marie-France Dupoizat, Alice Vierstraete, Adeline Beuken, Evelise Bruneau et Dan Penny), 2009, *Mission archéologique franco-khmère sur l'aménagement du territoire angkorien [MAFKATA]. Rapport de la campagne 2009*, EFEO, 112 p. [non publié].

Christophe Pottier *et al.* (Annie Bolle, Armand Desbat, Bernard Farago-Szekeres, Nicolas Nauleau, Michel Pichon, Samantha Lafont, Ranet Hong, Maksim Bano, Kosal San, Kim Seng Pheakdey, Kongkea Ou, Sary Van, Sovanna Uong et Sothearith Yorn), 2012a, *Mission archéologique franco-khmère sur l'aménagement du territoire angkorien [MAFKATA]. Rapport de la campagne 2012*, EFEO, 28 p. [non publié].

Christophe Pottier, Armand Desbat, Marie-France Dupoizat et Annie Bolle, 2012b, « Le matériel céramique à Prei Monti (Angkor) », in *Orientalismes. De l'archéologie au musée. Mélanges offerts à Jean-François Jarrige*, V. Lefèvre éd., Turnhout, Brepols, p. 291-317.

Christophe Pottier *et al.* (Armand Desbat, Nicolas Nauleau, Samantha Lafont, Khann Leakheana San Kosal, Yorn Sothearith, Van Sary et Uong Sovanna), 2013, *Mission archéologique franco-khmère sur l'aménagement du territoire angkorien [MAFKATA]. Rapport de la campagne 2013*, EFEO, 94 p. [non publié].

Christophe Pottier *et al.* (Armand Desbat, Nicolas Nauleau, San Kosal, Khann Leakheana, Hong Ranet, Mélodie Greuin, Choi Myong Duk, Clémence Le Meur, Sophie Biard, Muharini Auliana, Van Sary et Uong Sovanna, 2015, *Mission archéologique franco-khmère sur l'aménagement du territoire angkorien [MAFKATA]. Rapport de la campagne 2015*, EFEO, 83 p. [non publié].

Christophe Pottier et Dominique Soutif, 2016, « De l'ancienneté de Hariharālaya. Une inscription préangkorienne opportune à Bakong », *BEFEO* 100 (2014), p. 147-166.

Marielle Santoni, 2008, « La mission archéologique française et le Vat Phu: recherches sur un site historique exceptionnel du Laos », in *Recherches nouvelles sur le Laos*, Y. Goudineau et M. Lorrillard éd., Vientiane, EFEO (Études thématiques, 18), p. 81-111.

Marielle Santoni et Souksavatdy Viengkèo, 1999, « Fouilles sur le site de Vat Phou-Champasak », in *Laos, restaurer et préserver le patrimoine national* (Colloque EFEO 1996), F. Bizot éd., Vientiane, Édition des Cahiers de France, p. 167-250.

Ichita Shimoda, 2010, *Study on the Ancient Khmer City Isanapura* (en japonais), Thèse de doctorat, Waseda University, Tokyo.

Ichita SHIMODA et Takeshi NAKAGAWA, 2015, « Diversity of the primitive khmer architecture in Sambor Prei Kuk », *Journal of Architecture and Planning* (Transactions of the Architectural Institute of Japan) 80/718, p. 2923-2933.

Ichita SHIMODA, Sokuntheary SO et Menghong CHHUM, 2015, *Sambor Prei Kuk Conservation Project, Research-Conservation-Development*, Sambor Prei Kuk Conservation Project, Tokyo.

Ichita SHIMODA et Sae SHIMAMOTO, 2012, « Spatial and Chronological Sketch of the Ancient City of Sambor Prei Kuk », *Aséanie* 30, p. 11-74.

Dominique SOUTIF, 2009, « *Kanloṅ* ou *mandira*, un palais à Purandarapura à la fin du VIIe siècle de notre ère ? », *UDAYA* 10, p. 239-255.

Philippe STERN, 1932, « La transition de l'art pré-angkorien à l'art angkorien et Jayavarman II », *Études d'orientalisme* 1, Paris, Musée Guimet (Mélanges Linossier)-E. Leroux, p. 507-523.

—, 1934, « Le temple-montagne khmèr. Le culte du Liṅga et le Devarāja », *BEFEO* 34/2, p. 611-616.

—, 1938, « Hariharālaya et Indrapura », *BEFEO* 38, p. 175-197.

—, 1951, « Diversité et rythme des fondations royales khmères », *BEFEO* 47/2, p. 649-687.

Donald K. SWEARER, 1995, *The Buddhist World of Southeast Asia*, New York, SUNY Press.

George TROUVÉ, 1932-1935, *Rapports de la Conservation d'Angkor (RCA)*, Paris, Archives EFEO [documents dactylographiés].

—, 1933a, « Cambodge » [Pràsàt Ak Yom], in « Chronique de l'année 1932 », *BEFEO* 33, p. 527.

—, 1933b, « Cambodge » [Pràsàt Ak Yom], in « Chronique de l'année 1933 », *BEFEO* 33, p. 1129-1133.

—, 1934, « Cambodge » [Pràsàt Ak Yom], in « Chronique de l'année 1935 », *BEFEO* 34, p. 763-764.

—, 1935, « Cambodge » [Pràsàt Ak Yom], in « Chronique de l'année 1935 », *BEFEO* 35, p. 475-477.

Michael VICKERY, 1998, *Society, Economics and Politics in Pre-Angkor Cambodia: The 7th-8th Centuries*, Tokyo, The Centre for East Asian Cultural Studies for Unesco-The Toyo Bunko.

—, 2001, « Resolving the Chronology and History of 9th-Century Cambodia », *Siksācakr* (Newsletter of the Center for Khmer Studies) 3, p. 17-23.

—, 2004, *A Beginner's Guide to Early Cambodian History*, Document dactylographié, URBA Phnom Penh [non publié].

Sa Majesté Norodom Sihamoni, Roi du Cambodge et M. Hang Peou.
Photo : Brigitte Eymann © Académie des Inscriptions et Belles-Lettres.

LE SYSTÈME HYDRAULIQUE D'ANGKOR : L'EXEMPLE DU BARAY NORD ET DU NEAK PAON

Le site d'Angkor s'étend sur plus de 40000 ha et comprend 112 villages anciens et une population d'environ 120000 personnes vivant dans le parc situé entre le mont Kulen et le Grand Lac Tonlé Sap[1]. La carte ci-dessous (fig. 1) montre les trois bassins versants avec les cinq réservoirs historiques. Parmi les cinq réservoirs appelés « *barays* », seuls le Baray occidental (Suryatataka) et le Baray nord (Jayatataka) sont actuellement en eau. C'est en nous appuyant sur l'expérience de la remise en eau du Baray nord, entreprise en 2007-2008, que nous pouvons tenter de faire comprendre au public le fonctionnement du système hydraulique d'Angkor.

Aujourd'hui, toute la région peut être incluse dans trois bassins versants : Roluos avec un bassin versant de 1031 km^2, Siem Reap, de 836 km^2 et Pourk, de 935 km^2. Ces trois bassins versants, de fait, couvrent complètement la région du parc d'Angkor (fig. 1).

L'eau et le temple

Les temples khmers dans la plaine sont toujours entourés par des douves en eau. Le rôle des douves était mis en exergue surtout sous l'angle de leur qualité d'éléments religieux et symboliques, mais, jusqu'en 2005, on n'envisageait pas ce rôle dans l'ingénierie (fig. 2).

Le sol de la plaine centrale du Cambodge, en général, ne peut pas supporter des charges très lourdes. Afin de construire des temples de pierre comme Angkor Vat, le Bayon, Ta Prohm et Preah Khan, il fallait trouver la meilleure technique possible. Les ingénieurs khmers de l'époque ont découvert les propriétés physiques du sable et de l'eau et ont réalisé qu'ils pouvaient combiner ces deux éléments pour le bâtiment : le sable une fois humide peut en effet supporter une charge lourde. La découverte de cette

1. Voir aussi, *infra*, le texte de notre seconde intervention lors de cette journée, déjà publié dans les *Comptes rendus des Séances de l'Académie des Inscriptions et Belles-Lettres* 2014, fasc. II (avril-juin), p. 783-802.

technique a conduit à localiser les endroits où cette théorie pouvait être appliquée. Des études ont montré que la région où l'on a fini par édifier les monuments d'Angkor est le meilleur emplacement, l'eau souterraine étant très proche de la surface du sol. La proximité de l'eau souterraine mouillée et la couche de sable sous le monument pouvaient en effet assurer la stabilité des temples.

Pour rappeler quelque chose qu'on peut expérimenter soi-même, à la plage quand on marche sur la partie où le sable est humide (saturé en eau) les pieds ne s'enfoncent pas. Par contre, si on marche sur la partie du sable sec, les pieds s'enfoncent dans le sable. Les Khmers ont utilisé ce fait pour assurer la stabilité des temples. On a les preuves d'utilisation des sables sous les monuments. Il y a même des temples qui ont été construits dans l'eau comme le Mébon Occidental ou bien la plateforme au milieu du Srah Srang... Le rôle des douves est de collecter et stocker l'eau de ruissellement du temple pour éviter toute possibilité d'inondation, mais leur autre rôle est de recharger la couche de sable sous les temples.

Les douves d'Angkor Vat, en avril 2004, étaient à sec. Ce fait était très dangereux pour le temple. Cela révèle également la diminution du niveau de l'eau souterraine dans la région, en liaison avec les activités de la ville de Siem Reap (en aval du parc d'Angkor).

Outre l'importance de l'eau pour assurer la sauvegarde du patrimoine monumental, il faut rappeler que les Khmers ont donné toute son importance au caractère religieux de l'eau, comme on peut le constater sur la figure ci-contre. Ils ont sculpté mille Lingas dans le lit de la rivière au mont Kulen, qui constitue la source d'eau la plus importante pour la région, son château d'eau en quelque sorte (fig. 3a et 3b ; voir aussi *infra*, fig. 2, p. 116)

En outre, l'augmentation du tourisme dans la région Siem Reap/Angkor provoque des besoins en eau et peut causer des problèmes aux temples. Pour pouvoir contrôler cela de manière scientifique, on a mesuré la variation de la nappe et l'écoulement de l'eau dans la région depuis la création du Département de la Gestion de l'Eau en 2004. En 2005, on a estimé le volume d'eau souterraine pompée par la consommation privée à 16 000 m^3/j. Le registre des eaux de Siem Reap, en 2013, note 13 000 m^3/j. La totalité dépasse donc les prévisions faites par l'Agence japonaise de Développement (JICA) à 12 000 m^3/j. Heureusement, l'Autorité nationale APSARA a pu restaurer les anciens réservoirs d'eau. Nous avons fait aussi un plan de reprise des eaux de sources différentes, comme le Baray occidental et le Tonlé Sap.

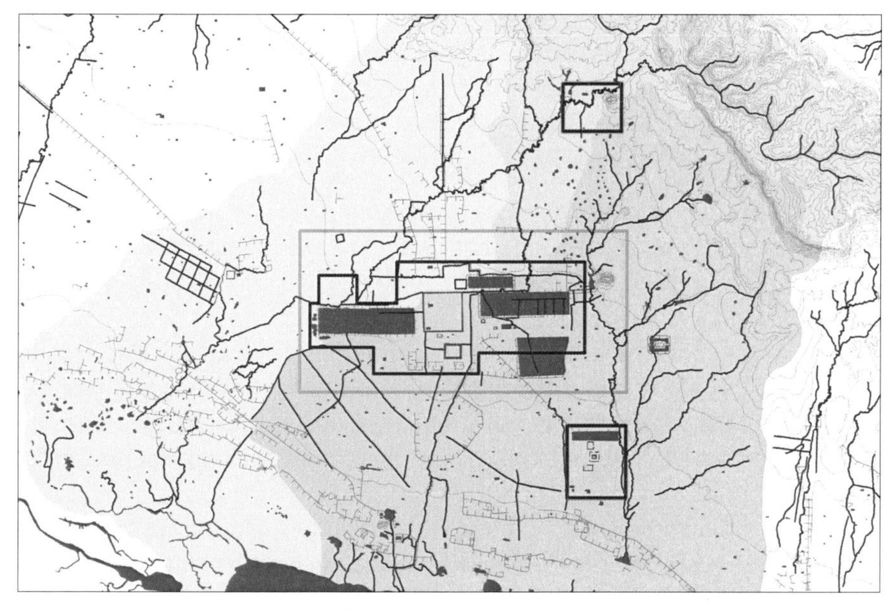

FIG. 1. – Les réservoirs historiques et les trois bassins versants de la région.

FIG. 2. – L'eau et le temple (Neak Paon).

FIG. 3a – Les « Mille Lingas » (mont Kulen) ; 3b. Leurs Majestés Feu le Roi père et Preah Norodom Sihamoni.

Le schéma ci-contre (fig. 4) montre l'impact de la descente du niveau d'eau souterraine (qui est liée à la surexploitation dans la région) sur la stabilité des temples qui se trouvent en amont.

Réhabilitation des anciens réservoirs

Pour faire face à ces problèmes, l'Autorité nationale APSARA a réhabilité les systèmes de remplissage pour les douves d'Angkor Vat, d'Angkor Thom, de Banteay Srei, de Preah Khan, ainsi que le bassin de Srah Srang, le Baray occidental et le Baray nord.

En ce qui concerne le projet de réhabilitation du Jayatataka ou Baray nord, on doit se reporter à la carte de l'ensemble de la région de Siem Reap. Juste au nord du Preah Khan, on aperçoit d'anciennes digues. Pour les villageois, ce sont des routes royales, mais, pour nous les hydrauliciens, elles ont un rôle beaucoup plus important. C'est là que réside le secret de notre découverte. Premièrement, si c'était vraiment une route, on devrait avoir deux canaux, mais, comme l'a révélé la coupe, on a seulement un canal du côté est et au nord des digues. D'autre part, si c'était vraiment une route, elle ne devrait pas tourner à 90° plusieurs fois comme on le voit dans l'image de Google Earth ci-contre. Ces éléments nous permettent de comprendre comment le Baray nord était rempli (fig. 5).

Le sens d'écoulement de l'eau est du nord-est au sud-ouest. Le Baray nord a comme dimensions 3 600 m sur 930 m. Il peut stocker au moins 5 millions de m^3. Après la consolidation de ses digues, il peut collecter l'eau de ruissellement jusqu'à 19 millions de m^3. Notre équipe est allée expliquer la situation aux villageois qui vivent autour du système de collecte de l'eau de ruissellement et en aval du système. Il faut noter que le Baray nord est à sec depuis plus de 500 ans. La première année, après nos premiers travaux sur les digues du *baray*, on a tout de suite eu, pendant la saison de pluie 2008, 700 000 m^3. En 2009, on a continué de restaurer les digues en amont, ce qui nous a permis de collecter l'eau de ruissellement de 3 millions de m^3. En 2010, ce furent plus de 3,7 millions de m^3 et, depuis 2011, on a plus de 5 millions de m^3. Effet immédiat de la remise en eau de ce *baray*, nous avons la recharge de la nappe et le remplissage des douves de Preah Khan, des puits et des étangs en aval du *baray*. Le *baray* rempli d'eau joue également le rôle de régulateur des crues pour Angkor Thom (une ville historique de 90 000 ha) et pour les villages modernes en amont.

On trouvera ci-dessous des photos et des graphiques relatifs à l'évolution des travaux de réhabilitation du Baray nord. Ces documents montrent la manière dont nous avons restauré les digues endommagées, en employant les gens qui vivent dans le parc d'Angkor.

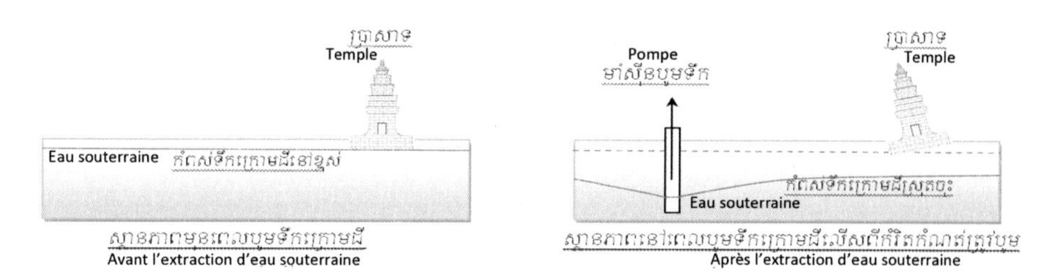

FIG. 4. – Schéma de mouvement de l'eau souterraine.

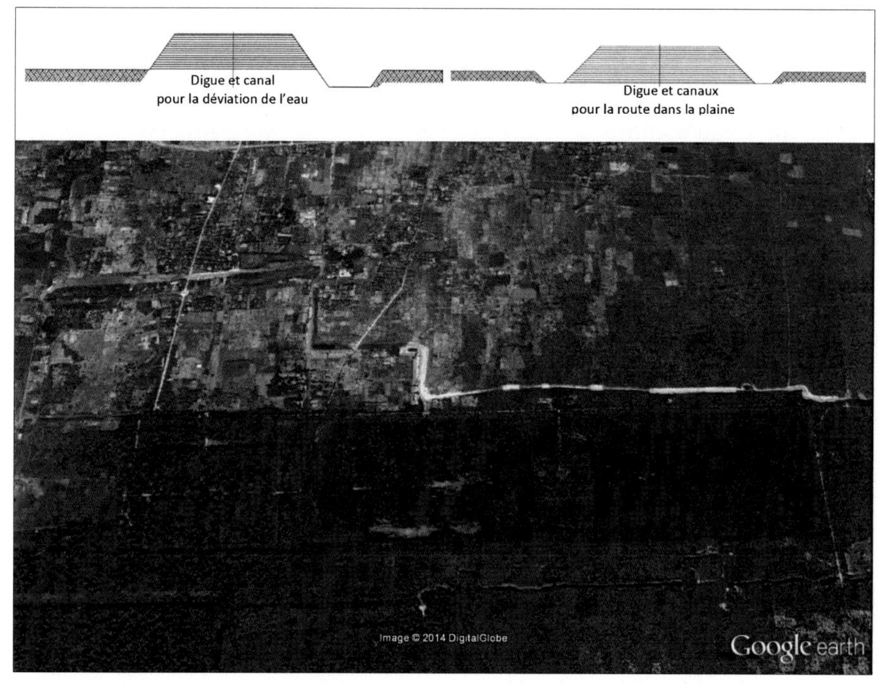

FIG. 5. – Le Baray nord, ses digues et le système de remplissage du réservoir.

ILLUSTRATION DU SYSTÈME HYDRAULIQUE D'ANGKOR

Nous voudrions démontrer le fonctionnement de l'ensemble du système hydraulique d'Angkor avec deux exemples liés à notre Baray nord : ce sont les douves de Preah Khan et de Neak Poan (au centre du *baray*).

Voici la coupe du Baray nord avec l'entrée est de Preah Khan. Comme on le voit, une fois le *baray* mis en eau, cette eau commence à s'infiltrer dans le sol dans deux directions, verticale et horizontale. Comme les douves de Preah Khan ne se trouvent pas loin de ce *baray*, il y a infiltration directe, comme le montre le schéma. Et l'on peut également constater la présence de l'eau dans le Baray nord et les douves de Preah Khan en saison sèche (fig. 6).

L'image obtenue grâce au LiDAR (*Light detection and ranging*) (fig. 7) nous montre les bassins sur l'île de Neak Poan : la visite sur place donne aux visiteurs l'impression qu'il n'y a que cinq bassins, mais il y en a en fait au moins neuf.

J'en viens, enfin, à une section à travers le Neak Poan (fig. 8). Une fois le *baray* en eau, cette eau commence à s'infiltrer dans le sol et comme le bassin au milieu est vide et que le niveau du fond de bassin est le même que le fond du *baray*, il y a un différentiel entre le niveau d'eau dans le *baray* et le bassin central. Il en résulte que l'eau commence à remonter du fond du bassin jusqu'à avoir le même niveau qu'à l'extérieur (phénomène des « vases communicants »). Quand le bassin central atteint son niveau maximum, l'eau commence à se déverser vers les quatre petits bassins alentour, via les déversoirs qui se trouvent dans les petites chapelles de chaque connexion avec le bassin central. Il faut noter que le fond des quatre petits bassins est imperméable. Nos recherches archéologiques, cette année, nous ont confirmé que le sous-sol des petits bassins est vraiment imperméable. De ce point de vue, le Neak Poan a constitué une expérience déterminante pour l'étude du système hydraulique ancien à Angkor.

HANG Peou

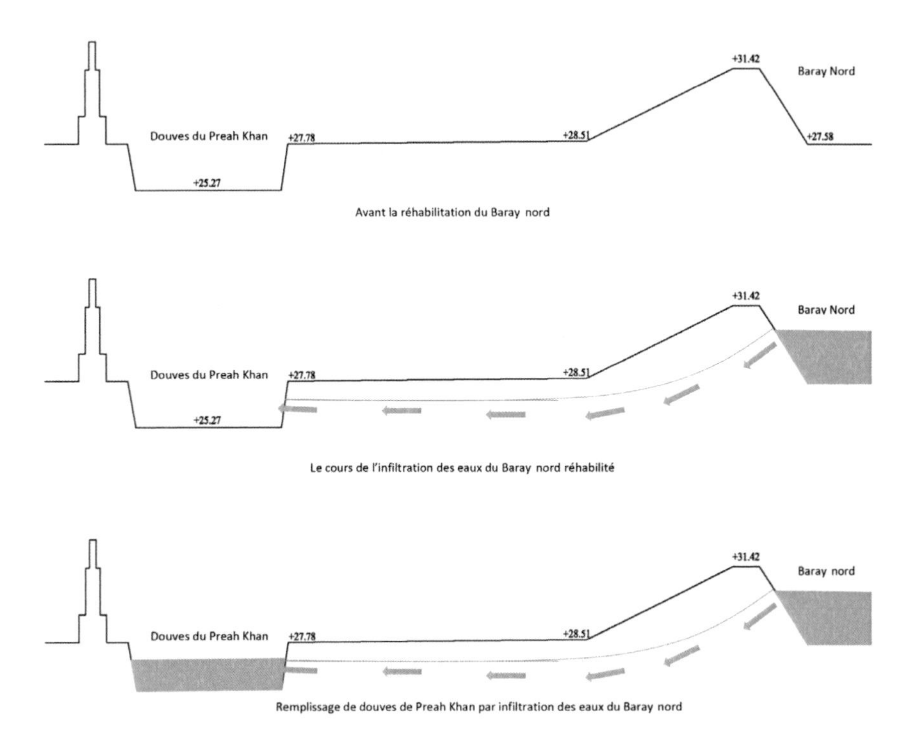

FIG. 6. – Fonctionnement de la connexion souterraine du Baray nord et des douves de Preah Khan.

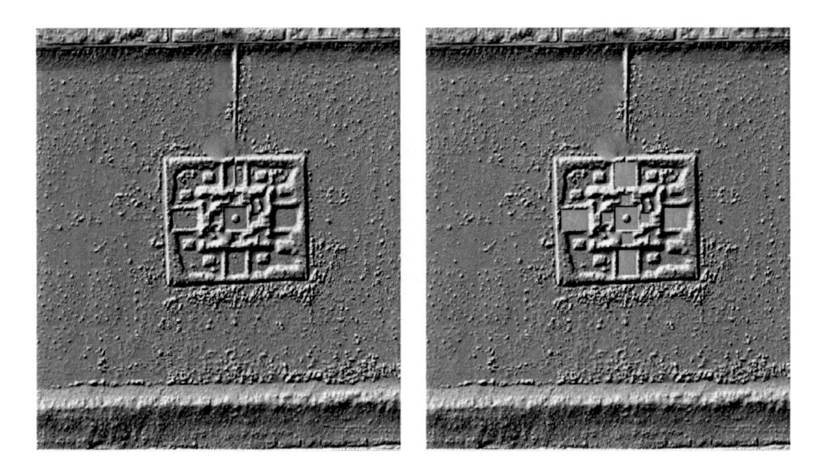

FIG. 7. – Image LiDAR 2012 : le Neak Poan.

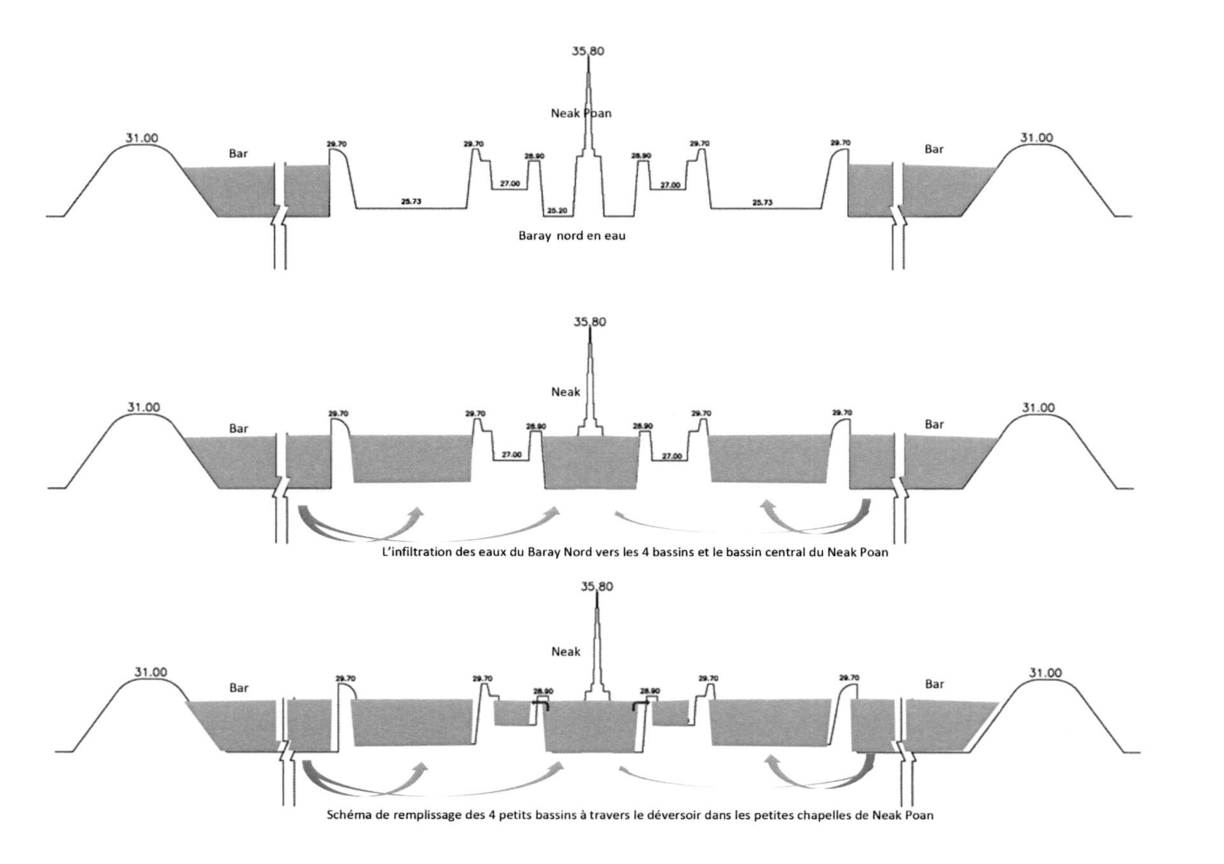

Fig. 8. – Mouvement de l'eau du Baray nord vers les bassins de Neak Poan.

FIG. 9. – Les douves de Preah Khan et Baray nord en eau.

FIG. 10. – Le temple de Neak Poan, en eau depuis 2008.

M. Michel Zink et Sa Majesté Norodom Sihamoni, Roi du Cambodge.
Photo : Brigitte Eymann © Académie des Inscriptions et Belles-Lettres.

ALLOCUTION D'ACCUEIL

prononcée lors de la séance publique de l'Académie, le vendredi 9 mai 2014

La séance hebdomadaire de l'Académie des Inscriptions et Belles-Lettres revêt aujourd'hui un caractère bien particulier. Elle est d'une importance et d'une solennité exceptionnelles. Certes, il n'est pas inhabituel qu'une des séances de notre Compagnie se confonde avec la dernière session d'un colloque qui se tient sous son patronage. C'est même devenu un usage assez fréquent, qui témoigne de la participation active de l'Académie à la recherche et à la vie scientifique. Il n'est pas inhabituel non plus que des confrères associés étrangers de l'Académie participent à notre séance du vendredi : deux ou trois, à vrai dire presque parisiens, sont là toutes les semaines. Mais il est malheureusement plus rare que le plus prestigieux d'entre eux, Sa Majesté Norodom Sihamoni, roi du Cambodge, vous-même, Sire et cher Confrère, nous fasse l'honneur de siéger parmi nous. Plus rare, mais non pas si rare : nous sommes profondément touchés et reconnaissants que Votre Majesté se joigne aujourd'hui à nous pour la troisième fois depuis Son installation comme académicien à la fin de l'année 2010. La plupart de nos confrères associés étrangers nous rendent des visites beaucoup plus espacées.

Il faut dire que la circonstance d'aujourd'hui appelait tout particulièrement la présence de Votre Majesté. Nous célébrons par une journée d'études le vingtième anniversaire de la reprise des travaux de l'École française d'Extrême-Orient sur le site d'Angkor. La renaissance de ce site unique au monde, nous la devons à l'illustre père de Votre Majesté, Sa Majesté Norodom Sihanouk. La France lui doit aussi d'avoir été distinguée pour conduire, avec le Japon, les travaux d'étude et de préservation du site. Juste distinction, puisque c'était la France qui avait la première travaillé à Angkor et que ce sont des Français qui ont les premiers fait connaître Angkor au monde. Mais il arrive à la mémoire des États et à celle de leurs dirigeants d'être défaillante. La reconnaissance et la fidélité marquées par le Roi Père et par Votre Majesté aux travaux de l'EFEO sont pour elle et pour nous la plus belle récompense et le plus bel encouragement.

L'Académie des Inscriptions et Belles-Lettres est étroitement associée à l'immense chantier archéologique d'Angkor. Elle l'est à travers le patronage qu'elle exerce sur l'EFEO. Elle l'est parce que c'est notre associé étranger, Azedine Beschaouch, qui présidait le Comité du patrimoine mondial de l'UNESCO lorsque le site d'Angkor a été, grâce à ses efforts, inscrit au Patrimoine culturel de l'humanité. Elle l'est, parce que c'est notre confrère Franciscus Verellen qui a dirigé l'EFEO avec l'efficacité que l'on sait, particulièrement s'agissant d'Angkor, de 2004 à février 2014. Et nous nous réjouissons de savoir l'École dirigée aujourd'hui par une personnalité aussi compétente que M. Yves Goudineau.

C'est cet engagement de l'Académie des Inscriptions et Belles-Lettres qui justifiait ma présence en décembre dernier à la réunion du comité technique et à la conférence intergouvernementale sur Angkor en décembre dernier à Siem Reap, où Votre Majesté a bien voulu me recevoir en audience avec Azedine Beschaouch et Franciscus Verellen.

C'était ma première visite à Angkor. Je ne me donnerai pas le ridicule de faire part de mes états d'âme à ceux qui connaissent le lieu depuis toujours ou y consacrent leurs travaux depuis des années, voire des décennies, ou simplement l'ont visité avant moi. Tous partagent la même émotion. L'eau, la forêt, les temples, tant de gigantisme et tant de délicatesse, une civilisation d'une telle puissance et d'un tel raffinement, la continuité et les avatars d'une religion et d'une spiritualité si profondes.

J'ai surtout eu le privilège de visiter les différents sites sous la conduite des membres de l'EFEO savants, passionnés et généreux qui y travaillent, ceux que nous entendons aujourd'hui avec leur non moins savant et passionné collègue cambodgien, M. Hang Peou, qui nous a ce matin si brillamment parlé du Mebon. À tous je dis la reconnaissance de l'Académie et la mienne.

Tous sont là, sauf un. La disparition de Pascal Royère, qui nous a quittés si prématurément et si douloureusement, jette une ombre sur cette journée. Elle lui est dédiée. Mais nous pouvons à peine dire que nous la lui dédions, tant ce geste va de soi. Comment dire tout ce qu'Angkor lui doit ? Comment rappeler le puzzle de titan qu'a été la reconstitution du Baphuon, dont les milliers de blocs de pierre étaient éparpillés sur le site et dont chacun devait retrouver sa place exacte ? Combien ce chantier méritait le Grand prix d'archéologie de la Fondation Simone et Cino Del Duca que l'Institut de France lui a décerné sur proposition de l'Académie des Inscriptions et Belles-Lettres en 2011 ! J'ai eu, lors de la séance des prix de l'Institut, le 8 juin 2011, la joie de le lui remettre. Aujourd'hui, nous l'honorons à nouveau, tristement. Mais la joie et la fierté de poursuivre cette grande œuvre l'emportent. Je crois qu'il nous le demande et qu'il les partage avec nous.

Michel Zink
Secrétaire perpétuel de l'Académie des Inscriptions et Belles-Lettres

MM. Pascal Royère, Franciscus Verellen
et sa Majesté Norodom Sihamoni, Roi du Cambodge.

HOMMAGE À PASCAL ROYÈRE (1965-2014) : DU TEMPLE-MONTAGNE BAPHUON AU SANCTUAIRE DU MÉBON OCCIDENTAL

Notre journée d'études est dédiée à la mémoire de Pascal Royère, architecte éminent de l'École française d'Extrême-Orient (EFEO) et aussi de la coopération archéologique franco-cambodgienne à Angkor des deux dernières décennies. C'est avec émotion que je prends la parole pour rendre hommage à ce collègue d'exception et ami, au proche collaborateur et conseiller depuis 2011, en sa qualité de directeur des études de l'EFEO.

Nous sommes profondément sensibles au fait que Sa Majesté le Roi du Cambodge, membre étranger associé de notre Académie et protecteur des travaux de l'École française d'Extrême-Orient à Angkor, ait accepté d'honorer cette manifestation de Sa présence. Je tiens aussi à exprimer au nom de notre Compagnie nos salutations et condoléances les plus respectueuses aux membres de la famille de Pascal Royère qui nous ont rejoints aujourd'hui, à ses parents et à ses sœurs, à Andrée son épouse et à Lucie leur fille.

Je voudrais saluer la présence parmi nous du nouveau directeur de l'École française d'Extrême-Orient, Yves Goudineau, qui a pris ses fonctions à la fin du mois de février. Comme Votre Majesté aura déjà pu l'entendre, la conservation d'Angkor et la recherche sur la civilisation khmère sont aussi chères au cœur de mon successeur qu'elles le furent au mien ces dix dernières années, dans l'École où nos aînés ont œuvré depuis plus d'un siècle avec distinction en faveur de l'archéologie et du rayonnement d'Angkor.

Si c'est en 1907 que l'EFEO fut chargée de cette responsabilité lors de la création de la Conservation d'Angkor, l'École y investit encore aujourd'hui une part importante de son activité aux côtés de l'autorité nationale cambodgienne APSARA et des opérateurs internationaux coordonnés par l'UNESCO.

Deux décennies de coopération

Les vingt ans de coopération qui fixent le cadre de cette journée d'études furent singulièrement marqués par les travaux d'envergure de Pascal Royère sur le temple-montagne Baphuon et le sanctuaire en milieu aquatique du Mébon. Permettez-moi, avant d'aborder plus longuement ces deux chantiers phares, d'esquisser le contexte scientifique de ces travaux au sein de l'engagement constant de l'École française d'Extrême-Orient dans la mission qui nous est commune, à savoir préserver, mieux connaître et faire connaître le site d'Angkor. Force est de constater que la coopération qui lie l'EFEO à Angkor depuis plus d'un siècle n'a rien perdu de son dynamisme et de sa capacité d'innovation. Les études khmères continuent d'occuper une place privilégiée au sein des recherches de l'École. Encore aujourd'hui, alors que la vocation de l'École s'est étendue à toute l'Asie, et qu'elle embrasse désormais le monde contemporain en sus des périodes plus anciennes, un cinquième des chercheurs de l'EFEO consacrent au moins une partie de leurs travaux à la civilisation khmère ancienne.

Revenons en 1971. Les activités de l'École française d'Extrême-Orient sont suspendues au Cambodge où elles le resteront durant vingt ans. En 1992, le centre EFEO de Siem Reap est ré-ouvert et on perçoit nettement comment ces années tragiques, où la mémoire khmère s'effondre sous les abominations qui culminent avec le régime des Khmers rouges, font figure de ligne de partage des eaux, pour le Cambodge bien sûr, mais aussi pour les travaux qu'y mène l'EFEO. Depuis lors, nombre de projets ambitieux voient le jour, portant sur des sujets très variés. Il s'agit d'abord de reprendre les chantiers de restauration interrompus par la guerre. En 1993, Christophe Pottier est ainsi chargé de mener à bien, sous la direction de Jacques Dumarçay, la restauration de la Terrasse du Roi Lépreux à Angkor Thom. Une fois cette restauration achevée, il dirige celle du perron nord de la Terrasse des Éléphants, entre 1996 et 1999. Un autre grand chantier, sans doute le plus vaste, est ré-ouvert en 1995 et dirigé par Pascal Royère, celui du temple Baphuon. Sa restauration achevée en 2011, ce monument prestigieux est rendu à l'admiration du public après seize ans de travaux. Une nouvelle anastylose est alors entreprise par Pascal Royère, celle du Mébon, au centre du Baray occidental. Un projet original et ambitieux rendu possible par le gouvernement français et les importantes contributions technique et financière de l'APSARA et du ministère de la Culture du Gouvernement royal, représentés lors de cette journée d'études par Son Excellence le Professeur Hang Peou, dont nous aurons le plaisir d'entendre la communication dans un instant.

Si les chantiers de restauration monumentale attirent naturellement l'intérêt du grand public, d'autres activités de l'EFEO se développent en parallèle dans les domaines archéologiques, philologiques et de l'histoire de l'art, d'Angkor à Phnom Penh.

Les prospections de grande envergure des sites archéologiques du Cambodge menées en partenariat avec son ministère de la Culture ont nourri une riche base de données d'archives, de photographies, de plans et de publications de l'EFEO. La Mission archéologique franco-khmère sur l'aménagement du territoire angkorien dirigée par Christophe Pottier conduit à présent des recherches sur les vestiges de l'époque préangkorienne, voire des âges du fer et du bronze. La Mission archéologique française à Angkor dirigée par Jacques Gaucher a relevé le défi de comprendre la genèse et l'organisation de la ville d'Angkor Thom. Enfin, les projets de recherche de Dominique Soutif et d'Éric Bourdonneau, qui portent respectivement sur les *âçrama* d'Angkor et sur le site archéologique de Koh Ker, visent à une meilleure compréhension du rôle rituel et social de ces lieux saints. L'ensemble de ces programmes de recherche bénéficie de collaborations scientifiques internationales avec les institutions du Cambodge ainsi qu'avec de grandes universités telles que celles de Sydney, de Chicago ou encore celle de Californie à Los Angeles.

Nous ne saurions oublier l'épigraphie khmère qui constitue un pôle de recherche majeur à l'EFEO. Dans la droite ligne des travaux de Louis Finot, George Cœdès et Claude Jacques, plusieurs chercheurs de l'EFEO et de l'École pratique des Hautes Études poursuivent actuellement l'inventaire des inscriptions du Cambodge ancien. La numérisation des estampages des inscriptions du Cambodge est désormais achevée. Enfin, l'atelier de restauration du Musée national du Cambodge, sous la direction de notre collègue Bertrand Porte, contribue par la pratique et la formation à la sauvegarde des œuvres sculptées.

Les équipes de l'EFEO se sont engagées, dans l'esprit des derniers Fonds de solidarité prioritaires, à former sur le terrain de jeunes archéologues, céramologues et architectes khmers, dont plusieurs ont par la suite intégré l'APSARA. D'autres ont eu l'opportunité de poursuivre leurs études en France grâce à des bourses accordées par le gouvernement français. Les chantiers dirigés par l'EFEO accueillent également des étudiants occidentaux en archéologie et fournissent ainsi aux jeunes chercheurs un accès au terrain pour leur formation.

Fig. 1. – Le chantier du Baphuon.

Fig. 2. – Les équipes de restauration du Baphuon.

Le temple Baphuon

La restauration du temple-montagne Baphuon, menée à bien par Pascal Royère entre 1995 et 2011, marque l'aboutissement de travaux importants mis en œuvre antérieurement par l'École française d'Extrême-Orient et brutalement interrompus par le basculement du Cambodge dans la guerre civile en 1970. C'est à cette époque qu'un ambitieux programme d'anastylose

FIG. 3. – Renforcement de la structure du temple-montagne Baphuon.

FIG. 4. – Bas-reliefs du Baphuon.

avait été initié, nécessitant la dépose de trois cent mille blocs de grès sur dix hectares de forêt en vue de la consolidation des bases de l'édifice. Durant le quart de siècle qui suivit, le chantier se trouva fatalement abandonné aux aléas de la guerre puis du régime des Khmers rouges. Les archives du projet – documents de démontage et relevés – furent notamment pillées par les Khmers rouges en 1975, lors de la prise de Phnom Penh.

Le projet que mèna Pascal Royère pendant seize ans compte sans doute parmi les plus emblématiques de la coopération scientifique française au Cambodge, coopération qui fut reprise en 1993 sous l'égide du ministère français des Affaires étrangères en concertation avec le Comité international de coordination pour la sauvegarde d'Angkor. L'envergure des travaux et la complexité des problématiques désignent le programme de restauration du Baphuon comme le plus grand chantier de l'archéologie française à l'étranger de son époque et comme l'un des plus importants chantiers de restauration monumentale au monde (fig. 1-4).

Pour restituer après les années tragiques ce prestigieux monument dans l'enceinte du Palais royal d'Angkor, il a fallu dégager les éboulis, retrouver le tracé des murs, identifier les centaines de milliers de blocs de grès déposés – chacun de dimensions et de façonnage différents –, redéfinir les plateformes, reconstruire les *gopura* et les galeries des étages supérieurs. Au cours du projet, trois cents ouvriers et artisans cambodgiens furent formés aux métiers variés de la restauration monumentale.

Sur le plan scientifique, le processus de démontage préventif, l'installation d'une structure de renforcement en béton armé à l'arrière des murs de soubassement et enfin la reconstruction de l'ensemble ont mieux fait comprendre l'art des bâtisseurs d'Angkor et les séquences temporelles des phases de réaffectation et de refonte religieuse du temple. Dans ce sanctuaire du XIe siècle originellement śivaïte, la gigantesque statue représentant le Bouddha au moment de son entrée au Nirvana (dit « Bouddha couché »), qui occupe depuis la seconde moitié du XVIe siècle la face occidentale du deuxième étage, devint le spectaculaire témoin des transformations qui marquèrent l'histoire du Cambodge. Du reste, elles ont modifié sensiblement les contours du monument dont la structure architecturale s'en trouva durablement altérée.

L'un des défis les plus inextricables pour le restaurateur fut celui de représenter, finalement, deux faces du monument – *a priori* incompatibles – qui puissent illustrer fidèlement les phases successives de son évolution historique. Pascal Royère se tira astucieusement de ce dilemme en proposant au visiteur abordant le sanctuaire depuis son entrée principale à l'est, un aperçu des galeries qui ornaient le sommet sous la forme originelle d'une structure pyramidale à trois étages, tout en conservant sur la façade opposée, à l'ouest, la statue du Bouddha plus tardive, allongée sur une largeur de soixante-treize mètres. L'achèvement de la restauration de cette statue fut marqué par une cérémonie solennelle de consécration que Votre Majesté présida le 4 juin 2008 (fig. 5).

Fig. 5. – Consécration du Bouddha couché.

Fig. 6. – Cérémonie de restauration du Baphuon, en présence du Premier Ministre de la France, Monsieur François Fillon.

Fig. 7. – Nouveaux desseins : le Mébon occidental (Pascal Royère et la baronne Francine d'Orgeval, chargée de mission au ministère des Affaires étrangères et européennes).

Il convient de souligner à ce propos, que si l'œuvre de restauration des monuments d'Angkor a entraîné un fort développement du tourisme international au Cambodge, celle des images religieuses et leur reconsécration dans un cadre apte à accueillir le public a encouragé la visite des lieux saints et les pèlerinages par les Cambodgiens. C'est le 3 juillet 2011 enfin, que l'achèvement de la restauration du temple Baphuon dans son ensemble est célébré, sous le haut patronage de Sa Majesté le Roi du Cambodge et du Premier ministre français François Fillon (fig. 6).

Le sanctuaire Mébon

Dès l'année 2011, l'École française d'Extrême-Orient investit ses capacités scientifiques et techniques ainsi que son savoir-faire en matière de formation, dans l'étude d'un nouveau projet interdisciplinaire de sauvegarde du patrimoine khmer. Sous l'égide de l'UNESCO, et dans le cadre d'un nouveau Fonds de solidarité prioritaire du ministère des Affaires étrangères et européennes intitulé « Patrimoine angkorien et non-angkorien : formation professionnelle et valorisation » et réunissant l'APSARA, les ministères français de l'Enseignement supérieur et de la Recherche et de la Culture et de la communication, ainsi que le mécénat du groupe Total, l'EFEO entreprend

Fig. 8. – La mise à sec de l'îlot.

Fig. 9. – Approche du chantier du Mébon en pirogue.

en avril 2012 de restaurer l'un des sanctuaires les plus originaux du site d'Angkor : le Mébon occidental, datant – comme le temple Baphuon – du XIe siècle.

Implanté sur un îlot situé au centre géométrique du Baray occidental d'Angkor, le Mébon met en scène la cosmogonie hindouiste. Vaste bassin artificiel de 8 000 m de long par 2 200 m de large, le Baray occidental est le plus important des grands ouvrages hydrauliques qui ait été réalisé à l'époque angkorienne. Répondant au rythme du climat de mousson, le *baray*, en accumulant l'eau durant la saison des pluies et en la déversant durant les mois secs, assure l'irrigation des rizières pendant une large partie de l'année. Au cœur de l'essor du pouvoir et de la civilisation khmers, ce dispositif technique revêt aussi un caractère sacré.

L'îlot rectangulaire qui émerge des eaux du réservoir rempli, suit, comme ce dernier, un alignement orienté est-ouest. L'ensemble architectural du sanctuaire occupe la moitié ouest de l'îlot, l'autre moitié constituant une langue de terre boisée. Son mur d'enceinte, rythmé sur chaque face de quatre pavillons richement ornés, enferme à son tour un bassin carré de cent mètres de côté, au milieu duquel se trouve une plateforme – îlot en miniature – enfermant un réservoir d'eau, sous forme cette fois d'un puits. C'est près de cette plateforme et à l'intérieur du puits que furent découverts en 1936 les vestiges d'une statue colossale en bronze représentant le dieu Vishnu Narayanan allongé sur l'océan entre deux phases cycliques de l'univers, dont le fragment impressionnant comprenant la tête, le buste et deux bras, est aujourd'hui exposé au Musée national du Cambodge à Phnom Penh. Les recherches récentes laissent penser que cette statue de bronze fut délibérément brisée lors d'une réaffectation cultuelle du site, où śivaïsme, vishnouisme et enfin bouddhisme se succédèrent, rappelant l'histoire du Baphuon et de bien d'autres monuments d'Angkor.

Le chantier prévoyait de procéder à la mise à sec de l'îlot afin de créer un espace-tampon permettant la mise en œuvre des mesures de conservation et de restauration de son pourtour, durant les périodes d'inondation du *baray*. Le défi technique de la construction d'une digue autour du chantier fut relevé avec succès par les spécialistes en hydrologie de l'APSARA, sous la direction du Professeur Hang Peou. Ce procédé permit la mise en œuvre de la consolidation des berges et de la récupération des blocs de grès disloqués ayant sombré dans le *baray* au fil des siècles, sous l'action de niveaux d'eau variables à l'extérieur et à l'intérieur de l'enceinte qui peu à peu en fragilisaient les fondations.

Outre les travaux de conservation, l'assèchement de la zone extérieure du Mébon fut l'occasion d'une découverte archéologique primordiale, celle des ruines enfouies de gradins parementés sur le périmètre extérieur de l'îlot, contenant une plateforme de circulation longeant la façade extérieure de l'enceinte. Cette découverte conduisit Pascal Royère à la conclusion que l'accès aux douze pavillons était permis à partir de pirogues sur les quatre faces du sanctuaire.

Dans l'intervalle d'à peine dix-huit mois entre le démarrage du chantier et la déclaration de sa maladie, Pascal Royère investit une énergie considérable dans ce projet et laisse une empreinte indélébile sur les travaux qu'il supervise au plus près, faisant la navette entre Angkor et le siège parisien de l'École française d'Extrême-Orient où il exerce les responsabilités de directeur des études (fig. 7-9).

La disparition brutale de Pascal plonge dans le deuil l'équipe de cent cinquante personnes, dont la majorité, ouvriers et artisans, avait œuvré au programme de restauration du Baphuon. Le chantier tient son cap, car Pascal Royère eut le souci de la formation et du transfert des compétences. Marie-Catherine Beaufeïst, architecte du patrimoine et ancienne collaboratrice du chantier Baphuon, appuyée par les chefs de chantier français et cambodgien, et secondée par Pierre Pichard, membre associé de l'EFEO parmi les plus expérimentés en matière d'architecture hindouiste et de restauration monumentale, assure rapidement une relève.

Pascal Royère

Pascal Royère est né en 1965 à Saint-Geniès en Haute-Garonne. Issu d'une famille dont plusieurs membres sont artisans dans les métiers de la construction, Pascal découvre jeune le goût du travail de la pierre et le courage d'entreprendre. À la suite d'une formation de technicien supérieur dans la construction, Pascal Royère complète son cursus et obtient le diplôme de l'École d'Architecture de Nantes. En 1993, il rejoint la Mission archéologique de Doura-Europos en Syrie. À la fin de cette même année, il est recruté en tant que chercheur associé par l'École française d'Extrême-Orient et affecté à Siem Reap pour conduire, sous la direction de Jacques Dumarçay, un programme de maintenance des temples du petit circuit du parc archéologique d'Angkor. Sous la direction de Bruno Dagens, il s'engage dans la préparation d'un doctorat sur l'histoire du Baphuon, qu'il soutiendra en 2002. Il intègre alors l'EFEO et poursuit ses travaux de restauration et de recherche sur la base d'une confrontation quotidienne aux références architecturales et aux techniques de construction employées par les maîtres d'œuvre du Cambodge ancien.

Lorsque Pascal Royère se retrouve devant le gigantesque dépôt lapidaire du temple Baphuon à Angkor, il lui faut déployer des trésors d'ingéniosité, de persévérance et de courage pour redonner âme et puissance à cet emblématique temple-montagne. Pascal Royère réussit l'impossible. Aujourd'hui, le Baphuon relevé – l'un des monuments d'Angkor parmi les plus prestigieux de la civilisation khmère – est rendu au patrimoine de l'humanité.

Fig. 10. – M. Michel Zink, Secrétaire perpétuel de l'Académie des Inscriptions et Belles-Lettres, remet à Pascal Royère le Grand Prix d'archéologie de la Fondation Simone et Cino Del Duca. Photo : Brigitte Eymann.

Fig. 11. – Cérémonie de remise des insignes de Grand Officier de l'ordre Royal du Monisaraphon.

En 2007, les travaux de Pascal Royère sont récompensés par l'attribution du Grand Prix de la fondation Prince Louis de Polignac. Puis en 2011, Pascal est désigné co-lauréat du Grand Prix d'archéologie de la fondation Simone et Cino Del Duca, attribué collectivement à l'équipe du Centre EFEO de Siem Reap, sur la recommandation de l'Académie des Inscriptions et Belles-Lettres (fig. 10). Hormis ces grands prix, lesquels comptent parmi les plus éminentes distinctions archéologiques, Pascal Royère est chevalier de l'ordre national du Mérite et de l'ordre de la Légion d'honneur. En 2011, il est décoré par Sa Majesté le Roi du Cambodge Grand Officier de l'ordre Royal du Monisaraphon (fig. 11). En 2012, la Médaille d'archéologie de l'Académie d'architecture lui est décernée, et en janvier 2014, il est nommé au grade de commandeur des Arts et des Lettres.

Responsable de l'équipe « Archéologie du monde khmer » depuis 2005, du Centre EFEO de Siem Reap en 2010 et 2011, représentant des enseignants-chercheurs, directeur des études depuis 2011, Pascal Royère fut un pilier de l'EFEO. Conseiller averti, chef de chantier et de projet chevronné, collègue estimé et fidèle, il contribua grandement à la gestion scientifique de l'établissement, jouissant de la confiance de l'ensemble des enseignants-chercheurs de l'EFEO. Jusqu'au bout, il resta passionnément impliqué dans l'exercice de ses responsabilités. Largement engagé dans la construction du nouveau Centre EFEO de Kyoto, inauguré hélas sans lui le 26 février 2014, il aborda avec enthousiasme l'architecture japonaise contemporaine.

Pascal Royère nous quitta le 5 février 2014 à l'âge de quarante-huit ans. Sa vision et son énergie, son intégrité, ont apporté une pierre importante à l'édifice de l'EFEO. L'œuvre qu'il laisse, malgré son jeune âge, compte parmi les plus héroïques de l'École française d'Extrême-Orient. Elle comprend, outres les réalisations évoquées dans cet hommage, de nombreux articles, conférences, films et entretiens. Communicant talentueux, doté d'un grand sens didactique, il est largement connu et apprécié du grand public. J'émets ici le vœu que la publication de la monographie inachevée, à laquelle Pascal Royère travaillait en 2013 et qui constituera en toute probabilité l'ouvrage définitif sur l'histoire architecturale du Baphuon, puisse voir le jour rapidement[1].

La personnalité de Pascal Royère, droite, bienveillante et chaleureuse, a marqué tous ceux qui ont eu l'avantage de le côtoyer, en France et au Cambodge. La lecture, lors de ses obsèques, de l'émouvante lettre de

1. L'ouvrage de Pascal Royère fut publié en 2016 par les soins de l'EFEO : *Le Baphuon, de la restauration à l'histoire architecturale* (voir couverture page suivante).

condoléances que Votre Majesté a adressée à son épouse Andrée Royère en est le plus éloquent des témoignages. Pascal Royère laisse un immense vide dans les rangs de ceux qui œuvrent, en France et en Asie, à la coopération archéologique franco-cambodgienne et à la conservation du patrimoine khmer.

Franciscus VERELLEN

M. Hang Peou. Photo : Brigitte Eymann © Académie des Inscriptions et Belles-Lettres.

LA GESTION DE L'EAU DANS ANGKOR, CAPITALE DE L'EMPIRE KHMER

Angkor a été inscrit sur la Liste du patrimoine mondial de l'UNESCO en 1992. Le site couvre plus de 40 000 ha, avec 112 villages anciens qui ont une population d'environ 120 000 personnes vivant dans le parc. Ce parc est situé entre le mont Kulen et le Grand Lac Tonlé Sap. Sur la carte ci-dessous (fig. 1), le trait continu de couleur rouge indique la zone protégée (ou zone 1) et celui en jaune délimite la zone tampon (ou zone 2) du site inscrit sur la Liste du patrimoine mondial, avec l'indication des dimensions de chaque zone : le groupe central d'Angkor fait 27 km sur 13 km, le groupe de Banteay Srei, au nord, 5 km sur 4 km et le groupe Roluos, au sud, 6 km sur 5 km. Sur la figure 1, on voit clairement les réservoirs artificiels, les fameux *barays*, et aussi les douves d'Angkor Vat et Angkor Thom. Mais on peut voir également quelques *barays* aujourd'hui à sec, comme le Baray oriental, ou tout récemment remis en eau, tel le Baray nord.

La petite ville de Siem Reap, voisine d'Angkor à 5 km en aval, est devenue quant à elle un site touristique de renommée mondiale, qui attire en moyenne plus de deux millions de touristes par an. Toute la région utilise principalement l'eau souterraine. Avec l'augmentation du nombre de touristes (4,5 millions en 2014) et la population en croissance rapide dans l'ensemble de la région, la demande en eau a également augmenté de façon spectaculaire. Ainsi la gestion de l'eau pour la région de Siem Reap-Angkor est la question la plus cruciale pour la sauvegarde des monuments et pour le développement durable. Le défi est, en effet, de satisfaire les besoins, tout en assurant la stabilité des temples d'Angkor qui sont construits sur la couche de sable et liés à l'eau souterraine.

Les Khmers ont réussi à maîtriser l'eau depuis le début de notre ère : au IIe siècle, Oc Eo (O Keo) situé dans le sud du Vietnam aujourd'hui et Angkor Borei au Ve siècle[1], avec son long canal (plus de 80 km) qui relie

1. V. Molyvann, *Cités du sud-est asiatique. Le passé et le présent*, thèse de doctorat de l'Université Paris VIII, 2008.

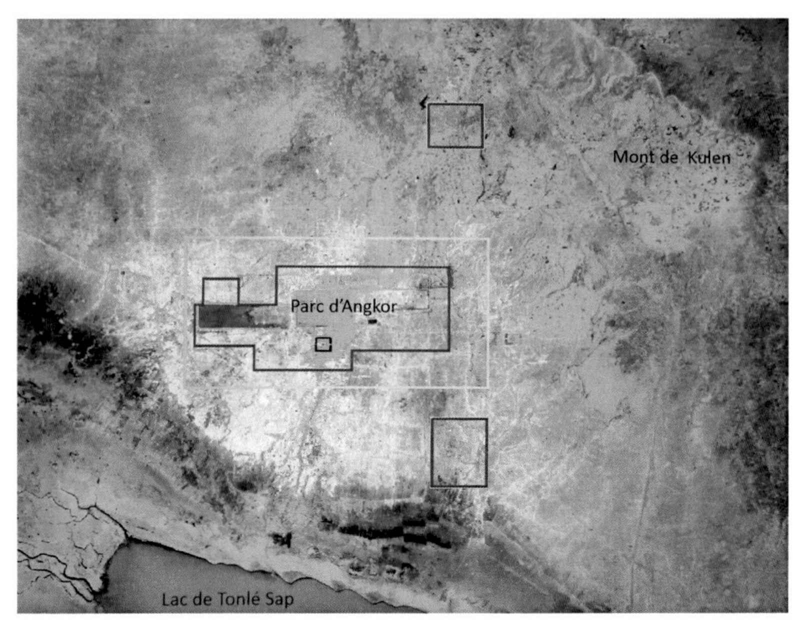

Fig. 1. – Image satellite, prise en 1999, indiquant les zones protégées du parc d'Angkor (en rouge la zone 1 et en jaune la zone 2 – zone tampon).

la ville portuaire O Keo et la capitale intérieure d'Angkor Borei[2], montrent l'évolution de la technologie dans la gestion de l'eau. La concentration et le point culminant de cette gestion de l'eau se trouvent dans les systèmes hydrauliques d'Angkor. Ce système montre que la technologie innovante, en ce temps-là, de l'eau multifonctionnelle qu'ils utilisaient, était, à bien des égards, une ingénierie de pointe.

Angkor a été considéré par le regretté Bernard-Philippe Groslier (archéologue de l'École française d'Extrême-Orient) dans les années 1950 et 1960 comme « Cité Hydraulique » parce que le grand site est organisé autour d'un immense réseau de gestion de l'eau[3]. La majorité des temples, bassins, canaux, digues, étangs et *barays* ont été récemment re-cartographiés par l'architecte de l'EFEO Christophe Pottier[4], puis intégrés dans un Système d'information géographique (SIG). Cependant ce n'est que récemment, en 2004-2005, que nous avons pu comprendre le mode de fonctionnement

2. M. T. Steak et B. Sovat, « Recent research on emergent complexity in Cambodia's Mekong », *Indo-Pacific Prehistory Association Bulletin* 21 (Melaka Papers, 5), 2001, p. 85-98.

3. B.-Ph. Groslier, « La Cité hydraulique angkorienne : Exploitation ou surexploitation ? », *Bulletin de l'École française d'Extrême-Orient* 66, 1979, p. 161-202.

4. Ch. Pottier, *Carte archéologique de la Région d'Angkor. Zone sud*, Thèse de doctorat, Université Paris III-Sorbonne Nouvelle (UFR Orient et Monde arabe), Paris, 1999.

de ce réseau de gestion de l'eau, et c'est sur la base de cette connaissance qu'ont été menés les travaux de réhabilitation. Cette recherche a également permis d'identifier l'échelle de la capacité de stockage d'eau, qui est actuellement de plus de 60 millions de m^3, dont une bonne partie disponible pour la recharge de la nappe phréatique.

Nous nous proposons ici de présenter la remise en route du système hydraulique d'Angkor et l'importance des ressources en eau pour conserver les temples et répondre aux exigences de l'augmentation du tourisme dans la région, tout en réduisant la menace annuelle de crue dans l'ensemble de la région (temples/monuments, villages, aéroport et ville de Siem Reap). L'Autorité nationale APSARA utilise la gestion de l'eau comme un outil essentiel à la fois à la sauvegarde des monuments et au développement durable de la région de Siem Reap-Angkor.

1. Conception de la construction du temple

Le sol de la plaine centrale du Cambodge en général ne peut pas supporter des charges très lourdes. Afin de construire des temples de pierre comme Angkor Vat, le Bayon, Ta Prohm et Preah Khan, il fallait trouver la meilleure technique possible. Les ingénieurs khmers de l'époque ont découvert les propriétés physiques du sable et de l'eau et ont réalisé qu'ils pouvaient combiner ces deux éléments pour le bâtiment : le sable une fois humide peut en effet supporter une charge lourde. La découverte de cette technique a conduit à localiser les endroits où cette théorie pouvait être appliquée. Des études ont montré que la région où l'on a fini par édifier les monuments d'Angkor est le meilleur emplacement[5], l'eau souterraine étant très proche de la surface du sol[6]. La proximité de l'eau souterraine et la couche de sable mouillé sous le monument pouvaient assurer la stabilité des temples.

1.1. L'eau sacrée du mont Kulen

Les anciens Khmers savaient le rôle vital joué par les ressources en eau pour la sauvegarde de la région d'Angkor. C'est pourquoi cette ressource est célébrée dans la tradition et la culture du peuple khmer. Certaines de ces coutumes sont encore vivantes aujourd'hui.

5. R. Acker, *Hydrology and the Siting of Yasodharapura*, Cambodge, Phnom Bakheng Workshop on public interpretation, Center for Khmer Studies, 2005, p. 73-86.

6. P. Hang, *Water Resource Management for Angkor Park and Siem Reap Region. Angkor: Living with Heritage – Heritage Values and Issues Report*, Australie, Godden Mackay Logan Pty Ltd., 2008, p. 139-146.

FIG. 2. – Les « Mille Lingas » de Kbal Spean (au mont Kulen).

L'importance de l'eau a également été démontrée par les anciens Khmers qui ont sculpté les « Mille Lingas » dans les lits des rivières du mont Kulen et Kbal Spean (fig. 2), source de la rivière Siem Reap. À Banteay Srei, ils coulent ensemble pour former à leur confluent la rivière Siem Reap. L'eau qui coule des « Mille lingas » est devenue sacrée et a été utilisée dans les grandes cérémonies du royaume khmer depuis le IXe siècle (par exemple, les couronnements et les cérémonies de crémation). Au cours du couronnement, l'eau sacrée du mont Kulen est utilisée pour bénir le nouveau roi. Cette tradition est encore pratiquée comme lors du couronnement du roi actuel, Sa Majesté Norodom Sihamoni, en octobre 2004, où l'on a utilisé de l'eau sacrée de la montagne Kulen.

La population cambodgienne croit en la puissance de cette eau sacrée. Elle l'utilise pour guérir des maladies ou pendant les bénédictions pour

Fig. 3. – Le temple Angkor Vat avec ses douves.

porter chance. Évidemment, l'approche scientifique moderne, qui évalue la qualité de l'eau, met en évidence des raisons moins spirituelles. Ainsi, on explique que l'eau est saine parce que les lingas agitent l'eau, ce qui assure plus d'aération, au bénéfice de la qualité de l'eau. Le caractère sacré associé à l'eau du mont Kulen montre à la population la nécessité de protéger les ressources en eau, ce qui est essentiel pour la conservation et le développement de la région de Siem Reap et aussi pour lutter contre la déforestation.

1.2. Les douves

Rappelons que les temples khmers ont été construits sur une couche de sable artificielle. En effet, avant toute construction, le sol naturel est retiré et remplacé par du sable. Cette couche de sable doit être humide pour assurer la stabilité des temples, ce qui exige des niveaux élevés d'eau souterraine.

C'est pourquoi les bâtisseurs ont adopté et généralisé un système de douves (fig. 3). De manière significative, les douves autour des temples principaux sont des indicateurs visuels que le sable des fondations est maintenu humide. Toutefois l'eau a également eu de nombreuses vertus culturelles et pratiques. Les douves jouent un rôle essentiel : elles recueillent les eaux de ruissellement du temple pendant la mousson et rechargent la couche de sable dans la nappe phréatique sous le temple. Pour assurer la présence durable d'eau dans les douves et maintenir la stabilité du temple, l'approche d'ingénierie a été soutenue par l'activité religieuse et culturelle. Ainsi, dans la tradition khmère, les douves sont aussi des symboles de l'océan primordial et le temple celui du mont Meru, et en tant que tels, ils avaient une grande signification culturelle.

2. Gestion de l'eau pour le développement de la région de Siem Reap

Aujourd'hui toute la région à partir du mont Kulen, source d'eau principale, s'inscrit dans trois bassins versants de trois rivières, Roluos avec un bassin versant de 1 031 km^2, Siem Reap de 836 km^2 et Pourk de 935 km^2. Ces trois bassins versants couvrent, de fait, complètement le site inscrit sur la Liste du patrimoine mondial (fig. 4).

Après l'inscription d'Angkor sur la Liste du patrimoine mondial en 1992, le groupe Siem Reap-Angkor est devenu le site touristique le plus visité du pays et le pivot du développement du tourisme, ainsi que l'un des principaux piliers de la croissance économique. Aujourd'hui, les revenus du tourisme constituent plus de 12 % du PIB du Cambodge. La croissance du tourisme devrait continuer. On estime le volume d'eau souterraine pompée par les particuliers à 16 000 m^3 par jour. Le registre des eaux de Siem Reap, en 2013, note 13 000 m^3 seulement par jour. La totalité dépasse donc les prévisions faites par l'Agence japonaise de développement (JICA).

De fait, le défi posé par la gestion de l'eau dans la région de Siem Reap-Angkor est de satisfaire les besoins de la population et du tourisme en assurant, en même temps, la stabilité des temples d'Angkor. Pour ce faire, le gouvernement royal du Cambodge met en œuvre une politique de régulation en réduisant le pompage sauvage des eaux souterraines et en augmentant l'alimentation en eau de surface, comme le Baray ouest (qui peut stocker jusqu'à 56 millions de m^3) en 2015 et le lac Tonlé Sap, où l'on puisera l'eau potable en 2019.

Sans attendre ces solutions à long terme, l'Autorité nationale APSARA a, depuis 2004, envisagé deux solutions : la première est le reboisement dans toute la région pour arriver à augmenter la recharge des eaux souterraines[7], mais cette solution demande du temps, car les arbres mettent longtemps avant de jouer leur rôle dans le micro-climat. La seconde solution consiste à réhabiliter l'ancien système hydraulique, *barays* (réservoirs), douves et bassins, pour recharger les eaux souterraines immédiatement (voir ci-après la 3e partie).

7. P. Hang, *Forest Management in Angkor Park*, Cambodge, Phnom Bakheng Workshop on public interpretation, Center for Khmer Studies, 2005, p. 93-99.

De nos jours, la pénurie d'eau et les inondations posent des problèmes de gestion de l'eau dans la région. Depuis 2009, les inondations ont eu un impact sur la ville de Siem Reap. C'est pourquoi nous avons étudié la meilleure façon de protéger les temples, l'aéroport et la ville de Siem Reap. Le Département de la gestion de l'eau de l'Autorité nationale APSARA a analysé, enquêté sur le terrain et ses conclusions, appuyées sur des données exceptionnelles, ont pu aboutir à la suite des inondations de 2009, 2010 et 2011[8]. Cela a contribué à une compréhension à la fois théorique et pratique qui a permis de réhabiliter l'ancien système hydraulique angkorien et de lui redonner son rôle multifonctionnel, essentiel pour la sauvegarde des monuments et l'atténuation de l'impact des inondations. Ce programme long et ardu a été mis en œuvre avec les ressources techniques et financières de l'Autorité nationale APSARA, comme nous le décrivons ci-dessous.

3. Réhabilitation des ouvrages hydrauliques anciens

Comme nous l'avons mentionné *supra*, la recharge des eaux souterraines est essentielle pour la stabilité des monuments. L'ensemble du programme de préservation et de sauvegarde du site du patrimoine mondial est tributaire de la réhabilitation des anciennes structures hydrauliques, et, autant que possible, de leur fonctionnement. Plusieurs années de recherche ont ainsi permis de comprendre ces systèmes complexes mis en place en plusieurs étapes entre le IXe et le XIIIe siècle. C'est seulement en 2004-2005 que nous avons réussi à comprendre l'ensemble du système de gestion de l'eau dans l'empire khmer.

Préalablement à toute réhabilitation des ouvrages hydrauliques anciens, nous avons procédé à l'analyse de l'écoulement des eaux dans les trois bassins versants : Stung Pourk à l'ouest, Stung Siem Reap au centre et Stung Roluos à l'est (fig. 4), de l'amont sur le plateau Kulen jusqu'à leur estuaire, en aval, dans le lac Tonlé Sap. Il est apparu que Pourk et Stung Roluos sont des cours d'eau naturels, tandis que le Stung Siem Reap est une voie navigable artificielle à partir de Bampenh Reach (c'est un déversoir en latérite situé à la connexion entre la rivière Pourk et la rivière Siem Reap).

En outre, les recherches que nous avons menées pendant plus de dix années sur le système hydraulique ancien nous ont révélé des structures construites sous l'Empire khmer (fig. 5). Les faits saillants sont les suivants, y compris des preuves de restauration de certaines structures.

8. P. Hang, « The Angkorian Hydraulic System », *World Heritage* 68, n° spécial (*World Heritage in Cambodia*), Juin 2013, p. 22-25.

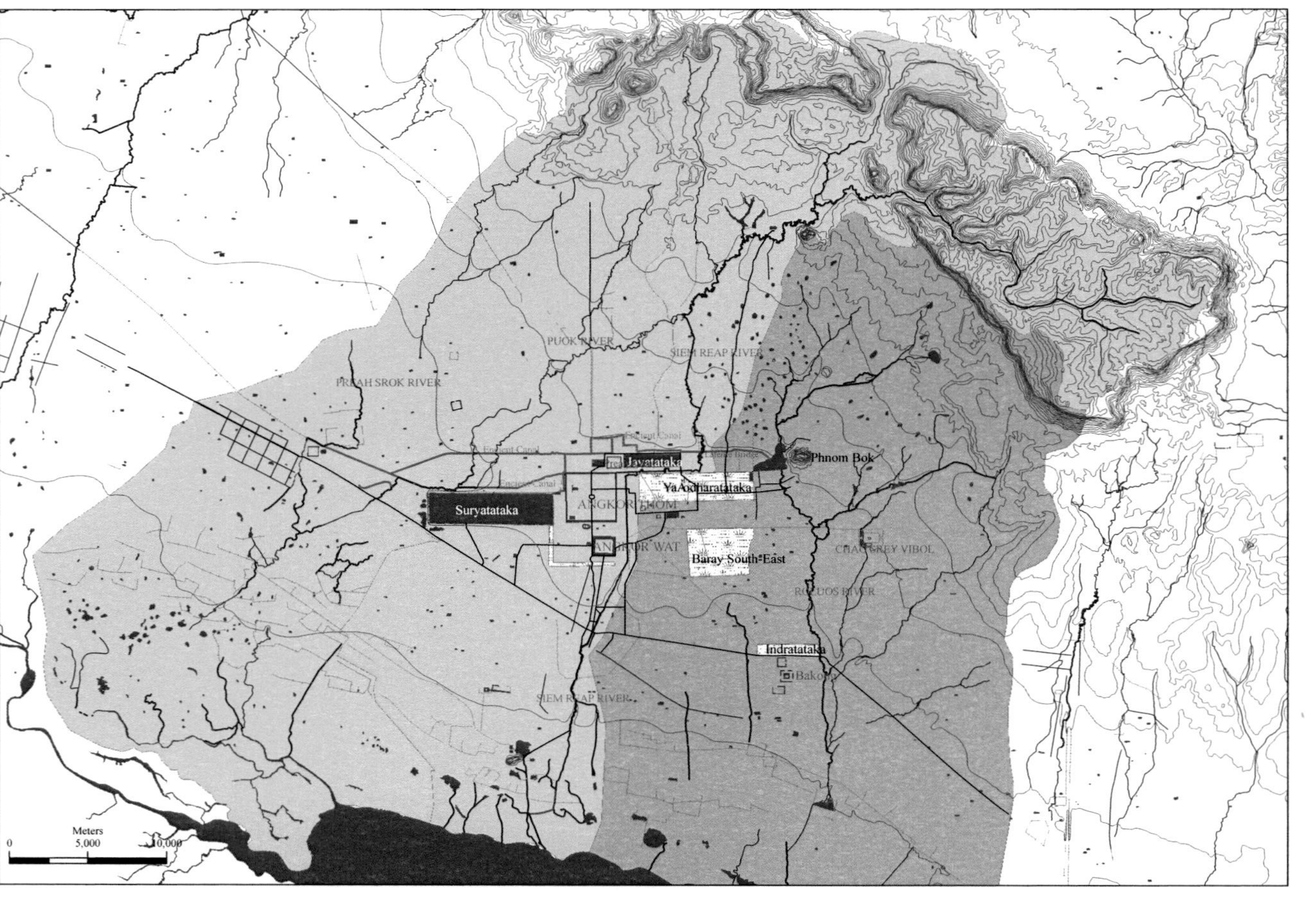

FIG. 4. – Bassins versants et zones protégées du parc d'Angkor.

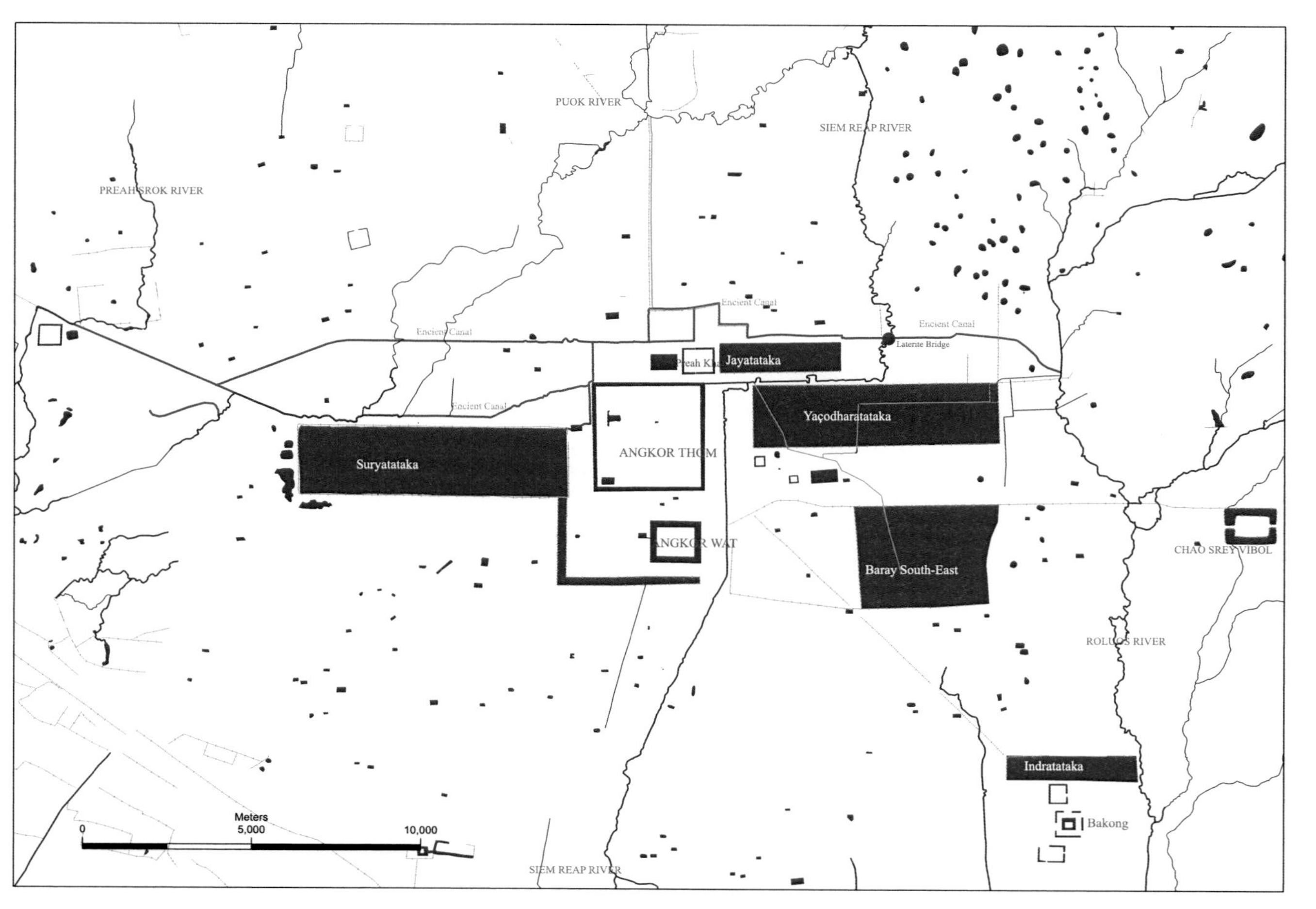

FIG. 5. – Le réseau hydraulique angkorien.

3.1. Srah Srang

Ce bassin royal a été creusé au milieu du xe siècle et modifié au xiie siècle par le roi Jayavarman VII. Il était à sec en avril 2004. Ce bassin était jadis rempli par l'eau de pluie et les eaux souterraines liées au Baray oriental. Comme le Baray oriental ne fonctionne plus comme réservoir depuis longtemps, la nappe phréatique s'est enfoncée, de sorte que le bassin de Srah Srang est lui aussi à sec en saison sèche. En mars 2005, notre Département de la gestion des eaux a mis en place un nouveau système pour remplir Srah Srang, en puisant l'eau du réservoir de Phnom Bauk, non loin de la rivière Roluos.

3.2. Banteay Srei

Les douves de ce temple et son petit *baray* (au nord du temple) ont été réhabilités en 2009. Une petite rigole a été aménagée et deux vannes installées sur la digue sud pour assurer la fermeture et le débordement du *baray* tout en maintenant l'irrigation du riz cultivé au sud-ouest du *baray* et dans le parvis. Ce *baray* est rempli d'eau, toute l'année. Ainsi la communauté des habitants locaux peut bénéficier de l'eau pour la pêche et le tourisme communautaire, telle que l'excursion en bateau dans le *baray*. Le projet APSARA-NZAID (Agence néozélandaise pour le développement international) a permis à la communauté locale de promouvoir ces activités. Ce projet communautaire doit beaucoup au modèle éprouvé dans la mise en œuvre du projet du Baray nord (voir ci-dessous).

3.3. Les douves d'Angkor Thom

Au sud-ouest, les douves sont en eau, alors que les douves sud n'ont de l'eau que pendant la saison des pluies. En 2010, le Département de la gestion de l'eau a fait un sondage archéologique dans la partie orientale d'Angkor Thom (Porte de la Victoire et Porte des Morts) puis a connecté les différentes douves (douves du nord et du sud). À la suite de ces travaux, la douve du sud-est (3 km) a retenu l'eau toute l'année (saison sèche et saison des pluies). En 2012, avec les travaux de restauration pour la réhabilitation du Baray occidental et du réseau hydraulique ancien, toutes les douves, sur 12 km, peuvent désormais retenir l'eau et recueillir les eaux de ruissellement. Ces douves peuvent stocker près de 2 millions de m^3 d'eau.

3.4. Les douves d'Angkor Vat

Auparavant, le système de remplissage des douves d'Angkor Vat était assuré par l'ancien canal de la douve sud d'Angkor Thom avec un canal à travers Tropeang Ses (ouest de la route en face d'Angkor Vat). En près de deux semaines, on a acheminé l'eau de la rivière de Siem Reap aux douves d'Angkor Vat. En 2010, la réhabilitation du canal Sampeou Loun et des douves de Phnom Bakheng, connectées aux douves du sud d'Angkor Thom (côté Tonlé Om), a pu permettre d'alimenter les douves d'Angkor Vat avec un niveau d'eau maximal, en très peu de temps. Ces douves peuvent stocker près de 1,5 million de m^3 d'eau.

3.5. Le reservoir Jayatataka (ou Baray nord)

Il a été construit au XIIe siècle (en 1181) par le roi Jayavaraman VII. Il a commencé à s'assécher au XVIe siècle. C'est la grande réalisation de l'ingénierie de l'eau dans l'empire khmer du XIIe siècle. Le Baray nord est rempli d'eau par un réseau de digues et de canaux. Ce système fonctionne à partir de la digue nord-ouest du Baray nord et tourne quatre fois à 90 degrés avant d'aller directement vers le nord jusqu'au pied de la chaîne Kulen. Comme les digues et canaux (60 m de large) n'ont pas fonctionné pendant environ 500 ans, ils sont aujourd'hui utilisés par les populations locales comme champs de riz et de nombreux villageois ont construit leurs maisons dans ce système de collecte de l'eau du Baray nord.

Ce système d'alimentation est très compliqué à comprendre. Nos recherches en 2004-2005 ont montré à la population que les canaux et digues n'étaient pas (comme elle le pensait) des routes[9].

Les travaux de restauration ont commencé, après l'approbation du projet par le CIC-Angkor (Comité international de coordination pour la sauvegarde et le développement du site historique d'Angkor), en juin 2007. La digue sud brisée au Kraing Kroch (est), puis la sortie originelle, puis l'angle sud-ouest non loin du temple Preah Khan et enfin treize points sur le système de collecte de l'eau de ruissellement ont été réparés. Par la suite, le Jayatataka a collecté 700 000 m^3 durant la première saison des pluies (en 2008), 2,98 millions de m^3 en 2009, 3,678 millions de m^3 en 2010, et plus de 5 millions de m^3 en 2011, 2012, 2013 et 2014. La communauté locale vient, désormais, pêcher les poissons dans ce *baray*. L'Autorité nationale APSARA a aidé les villageois de Phlong et Leang dai à créer un groupe de la communauté pour profiter du « circuit naturel au Baray nord » (Projet communautaire du Baray Reacha Dak). Cela leur permet d'avoir un revenu en emmenant les touristes en bateau visiter le circuit naturel autour du *baray* et la forêt inondée à l'intérieur du

9. P. Hang, *Project Rehabilitation of Jayatataka (North Baray)*, Cambodge, Department of Water Management, APSARA (Authority for the Protection and Management of Angkor and the region of Siem Reap), juillet 2009, p. 31.

baray. Ce projet de tourisme de la communauté locale a été reproduit à Banteay Srei.

Ce *baray* n'a pas été utilisé pour l'irrigation comme les autres *barays* dans la région, mais il servait à alimenter les villes d'Angkor Thom et de Preah Khan ainsi que l'hôpital Neak Pean qui fonctionne grâce à l'eau. Jayatataka a pour dimensions 3 600 m sur 930 m avec une capacité de stockage de 5 millions de m^3 pour la première phase. Pour la deuxième phase, elle peut atteindre 10 millions de m^3, si l'on renforce les digues.

3.6. Neak Pean

C'est un temple dans l'île (376 m sur 320 m) du Baray nord à l'instar du Mébon, temple au milieu du Baray occidental ou oriental, utilisé pour surveiller le niveau d'eau. Mais il a aussi une fonction d'hôpital identifiée par une abondance de plantes médicinales. Le temple a cinq bassins (quatre, autour du bassin central, représentent la terre, le vent, le feu, l'eau) qui, ces derniers temps, étaient à sec toute l'année, sauf le bassin central, qui a de l'eau pour quelques mois seulement au cours de la saison des pluies. Cependant, depuis que le Baray nord a été rempli, ces cinq bassins sont à nouveau remplis d'eau et restent pleins toute l'année. L'eau du Baray nord s'infiltre dans le grand bassin central, puis quand l'eau atteint le niveau du déversoir situé dans la petite chapelle entre le bassin central et les petits bassins, elle commence à déborder et remplit les petits bassins (fig. 6). Ce mouvement de l'eau dans les cinq bassins liés au Baray nord offre l'une des meilleures illustrations du système hydraulique à Angkor, montrant que les anciens Khmers ont su utiliser les techniques d'infiltration et d'exfiltration (écoulement souterrain) pour recharger la nappe phréatique, les douves et les bassins[10]. Ce processus permet à l'eau de devenir claire et propre. Ainsi elle pouvait être utilisée avec les plantes médicinales et servir à guérir les maladies.

3.7. Preah Khan

C'est l'un des temples principaux construits par le roi Jayavarman VII, à la fin du XIIe siècle. Il dispose de douves extérieures. Comme pour le bassin de Srah Srang, les douves de Preah Khan n'avaient pas de système de canaux de remplissage. Ces derniers temps, elles ne retenaient l'eau qu'une petite

10. P. Hang, « Sacred water: rediscovering the ancient hydraulic system of Angkor and traditional knowledge of water management and engineering systems », *International Journal of Intangible Heritage* 9, 2014, p. 17-25.

FIG. 6. – Le temple de Neak Pean et ses bassins.

partie de l'année. Depuis que le Baray nord est rempli d'eau, ces douves sont également remplies toute l'année. Cela montre le lien entre le Baray nord et le Preah Khan à travers l'eau souterraine.

3.8. SURYATATAKA OU BARAY OCCIDENTAL

Le Baray occidental a été construit par le Roi Suryavarman Ier au cours du XIe siècle. Il mesure 8 km sur 2,2 km, avec un potentiel de stockage de plus de 56 millions de m^3. Le rôle principal de ce *baray* était de recharger la nappe phréatique et d'assurer l'irrigation à travers les canaux dans le sud-ouest. En 1957, pour remplir ce *baray* on a creusé un canal et des déversoirs pour amener l'eau de la rivière Siem Reap dans l'angle nord-est d'Angkor Thom.

Ce canal, qui passe à l'intérieur de la douve d'Angkor Thom sur 4,5 km (au nord puis au nord-ouest de la douve), est relié à un canal parallèle à la route d'accès de la porte de Takave (porte Ouest) d'Angkor Thom (la carte de ce système a été publiée dans un article de Goloubew en 1941[11]). Tous ces canaux ont provoqué la mise hors d'eau d'une partie des douves ainsi

11. V. Goloubew, « L'hydraulique urbaine et agricole à l'époque des Rois d'Angkor », *Bulletin économique de l'Indochine* 1941, fasc. I, Annexe.

que d'une partie de l'est du Baray occidental. Cela explique que certains chercheurs aient pu croire que la mise hors d'eau de la partie orientale est une conséquence de la sédimentation.

En 2010, le Département de gestion de l'eau a découvert le système d'origine pour l'alimentation du Baray occidental avec un étang ancien appelé « Tropeang Khchorng » (bassin de sédimentation situé à l'angle nord-est du *baray*) et un ancien canal d'orientation nord-sud provenant de l'angle nord-ouest de douves d'Angkor Thom (fig. 7). En 2011, on a rouvert le canal d'entrée originel du Baray occidental, ce qui a permis de protéger les villages. En 2012, on a réhabilité le système d'alimentation pour remplir le Baray occidental en un court laps de temps avec une capacité initiale de 56 millions de m^3. Aujourd'hui, le Baray occidental est connecté à un système de gestion des inondations plus large, décrit plus en détail dans la partie 4 ci-dessous.

Avant d'en venir aux travaux de réhabilitation du système hydraulique, nous voudrions conclure par quelques remarques générales. D'après les données que nous recueillons depuis 2004, nous voudrions juste faire un calcul pour les bassins versants hydrographiques. Dans ce calcul, nous choisissons l'amont de l'ensemble de notre réservoir principal (*baray* essentiellement). Le bassin versant de la rivière de Roluos, au niveau de Phnom Bauk, couvre 150,56 km^2 et le bassin versant hydrographique de la rivière Siem Reap au nord-est de temple de Ta Som, 505,33 km^2. Les deux bassins versants peuvent donner une capacité d'eau d'environ 119,35 millions de m^3. Si nous regardons maintenant le stockage de l'eau dans les *barays*, nous notons que le Baray occidental contient 56 millions de m^3, le Baray oriental 36 millions de m^3, les douves d'Angkor Vat 1,5 million de m^3, le Baray sud-est de 18 à 20 millions de m^3 et le Baray de Lolei, au sud, 5 millions de m^3. Cela signifie que le volume total est de 118,5 millions de m^3. De toute évidence, les sources utilisables pour remplir ces réservoirs étaient très limitées. Il était donc impossible d'avoir de l'eau pour les nouveaux réservoirs que devait construire le roi Jayavarman VII comme les douves d'Angkor Thom, le Baray nord et le bassin de Tonlé Sngout !

C'est pourquoi, afin d'accompagner le développement de la capitale du roi Jayavarman VII, il fallait trouver de nouvelles sources pour alimenter ces réservoirs (Baray nord, douves d'Angkor Thom et Tonlé Sngout). L'on sait que les *barays* sont alimentés par les rivières, mais le Baray nord est, pour sa part, alimenté par les eaux de ruissellement. Ces digues du système de collecte des eaux de ruissellement suivent la pente de la montagne au sud et tournent quatre fois à 90°, avant d'atteindre le Baray nord. Ce système est unique. Il constitue une innovation de l'équipe d'ingénieurs du roi Jayavarman VII pour amener l'eau du point bas (ici le village de Phlong) vers le

FIG. 7. – La connexion entre les douves d'Angkor Thom
et le système de remplissage du Baray occidental.

point d'entrée d'eau dans le *baray* qui est situé plus haut. Cette technique a été aussi utilisée pour Banteay Chhmar, la ville historique du nord-ouest du Cambodge actuel. Donc, le nouveau bassin versant a été créé avec une superficie de 105,26 km^2, qui peuvent recueillir plus de 19 millions de m^3.

À ce stade, nous pouvons conclure que, au XIIe siècle, tous les *barays* ont fonctionné en même temps pour alimenter en eau la capitale Angkor, en assurant la stabilité des temples et la prospérité de la vie quotidienne par l'irrigation.

4. Réhabilitation du système hydraulique du XIIe siècle

Le système hydraulique du XIIe siècle, réseau d'eau situé en amont au nord d'Angkor Thom, de Preah Khan et du temple Ta Som, s'est avéré très important. Ce système est la combinaison des rivières naturelles (rivières Pourk, Roluos et Stung Preah Srok), des canaux (y compris la rivière Siem Reap actuelle) et des digues qui reliaient les cours d'eau et les réservoirs anciens (comme cela est décrit dans la partie précédente). Ces réseaux ont permis à l'ingénierie hydraulique d'optimiser la gestion de l'eau dans la région d'Angkor.

Avec la gestion de l'eau depuis 2009, l'Autorité nationale APSARA a pu réguler le flux et atténuer l'effet des inondations, protégeant ainsi les monuments et certains villages, ainsi qu'une partie de Siem Reap. En 2011, la ville de Siem Reap a été inondée cinq fois, dans certaines parties clés, telles que le Vieux Marché (centre-ville de Siem Reap). On ne pouvait même pas circuler en voiture tout terrain. En 2012, le Gouvernement royal a demandé à l'Autorité nationale APSARA d'identifier des solutions, pour protéger non seulement le parc d'Angkor, mais aussi la ville de Siem Reap des inondations. Comme nous le montrons dans la présente communication, la politique de l'Autorité nationale APSARA est de réutiliser le système hydraulique antique pour protéger la ville et les monuments contre les inondations.

Toutefois, comme aucune inscription ne mentionne des catastrophes du type des inondations, on peut en déduire avec vraisemblance que ces problèmes ne se sont jamais posés dans le passé. Du reste la mémoire populaire n'en a gardé aucune trace. Cela signifie que le système de gestion de l'eau au temps de l'Empire khmer est le meilleur système pour optimiser les ressources en eau. Son abandon pendant une longue période explique la sécheresse dans les douves d'Angkor Vat et le bassin de Srah Srang. Les inondations en 2009, 2010, 2011, 2012, 2013 et 2014 ont montré toutes les conséquences du dérèglement du système. De plus, le changement climatique mondial et la déforestation n'ont fait qu'aggraver les problèmes d'eau.

La compréhension de l'organisation générale du système hydraulique angkorien – rivières, *barays*, douves, canaux, étangs et digues, et leurs connexions – a permis notamment de distribuer l'eau dans trois directions d'écoulement (fig. 8). Ainsi, au lieu d'envoyer l'eau tout au long de la rivière Siem Reap, on a assuré l'écoulement pour une partie au sud dans les douves d'Angkor Thom (2 millions de m^3), les douves d'Angkor Vat (1,5 millions de m^3) et un tronçon de la rivière Siem Reap, une deuxième partie vers la rivière de l'est (Stung Roluos) et une troisième partie à l'ouest, qui permettait le stockage dans le Baray nord (5 millions de m^3), dans le Baray occidental (56 millions de m^3), vers la rivière Stung Pourk et vers la rivière Stung Preah Srok.

Cette redistribution de l'eau offre un potentiel important pour l'atténuation des inondations. En 2012, la partie principale de ce système a été réhabilitée et, par conséquent Angkor et le centre-ville de Siem Reap n'ont pas connu d'inondations pendant la saison des pluies de 2012, 2013 et 2014. Ce résultat a, encore une fois, confirmé que le système hydraulique antique permet non seulement d'optimiser la gestion des ressources en eau et la recharge des eaux souterraines, mais aussi de lutter efficacement contre les inondations.

Somme toute, l'Autorité nationale APSARA a réhabilité jusqu'en 2014 plus de 37,87 km sur les 52 km du système hydraulique du XIIe siècle. Les collectivités locales bénéficient, désormais, de l'augmentation des ressources

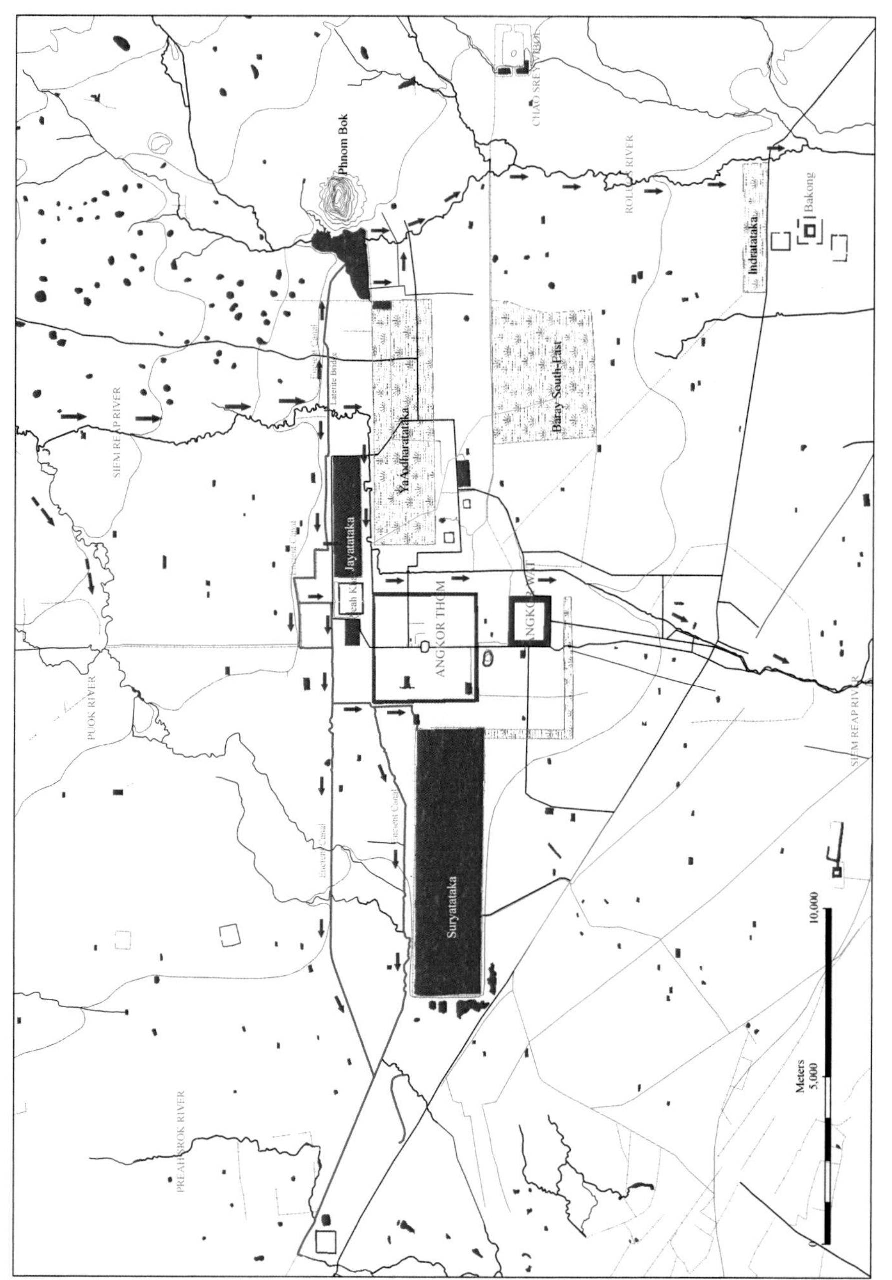

FIG. 8. – Direction d'écoulement de l'eau pour l'ensemble du système hydraulique du XIIe siècle.

en eau dans les saisons sèches, ce qui a amélioré la sécurité alimentaire et favorisé les activités économiques. Depuis le début des travaux de réhabilitation, les travaux sont menés en fonction de l'importance archéologique, mais aussi en tenant compte de l'impact sur la population locale qui utilise en partie les canaux et dont une partie vit au milieu des éléments du système hydraulique.

5. Conclusion

Ce programme, long et difficile, a été mis en œuvre avec les ressources techniques et financières de l'Autorité nationale APSARA, gestionnaire du site d'Angkor. Les restaurations ont porté sur les parties essentielles du système hydraulique ancien, à savoir les douves d'Angkor Vat, les douves d'Angkor Thom, les douves de Preah Khan, les douves de Banteay Srei et son *baray*, le Baray occidental, le Baray nord et le Srah Srang (bassin Royal). Au total, nous avons obtenu le rétablissement de 37,87 km de canaux et d'anciennes digues pour la gestion de l'eau, ce qui nous a permis de lutter contre les inondations dans le parc d'Angkor, l'aéroport international et la ville de Siem Reap.

Nos ancêtres khmers avaient saisi l'importance de la gestion de l'eau pour Angkor et le reste de l'Empire. Mais il est important de remarquer que les aspects techniques de la gestion ont été intégrés dans les croyances religieuses considérées comme primordiales. La prospérité assurée par la bonne gestion fut attribuée à la protection divine. Ainsi l'image de l'univers que nous donne le plan des temples accorde une place primordiale à l'eau : les douves symbolisent l'océan primordial qui entoure le centre du monde.

Aujourd'hui, nous sommes déterminés à poursuivre les recherches sur le système hydraulique ancien. L'apport des nouvelles technologies peut certainement nous aider à assurer une gestion efficace et durable de l'eau. Cette gestion, il faut le rappeler avec insistance, doit se fonder sur une politique continue de sauvegarde de l'environnement. Enfin, la bonne gestion des ressources en eau fait partie du nécessaire respect de la nature.

Remerciements

Je tiens à exprimer ma gratitude au Professeur Azedine Beschaouch, associé étranger de l'Académie, pour ses conseils, sa disponibilité et son généreux soutien. Sans lui, la réhabilitation de Jayatataka (Baray nord) n'aurait jamais commencé. Cela signifie que le système hydraulique d'Angkor n'aurait pas été réhabilité, probablement pour toujours. Je voudrais également remercier tous les membres du personnel du Département de la gestion des eaux de l'Autorité nationale APSARA, qui ont travaillé très dur avec moi pendant ces dix dernières années pour réaliser les projets ici présentés. Enfin, je dois à la vérité de dire que le gouvernement royal du Cambodge n'a pas manqué de m'accorder les moyens nécessaires à mes recherches et aux travaux.

HANG Peou

Sa Majesté Norodom Sihamoni, Roi du Cambodge et M. Azedine Beschaouch.
Photo : Brigitte Eymann © Académie des Inscriptions et Belles-Lettres.

ALLOCUTION DE CLÔTURE

Monsieur le Secrétaire perpétuel,
Monsieur le Président,
Chères Consœurs,
Chers Confrères,

L'Académie, notre Académie, le sait mieux que personne : la renaissance du grand site d'Angkor – commencée dans la dernière décennie du XXe siècle et qui s'est poursuivie dans les premières années du XXIe – doit tant et plus à l'initiative du si regretté Roi du Cambodge, Sa Majesté Norodom Sihanouk. De fait, attaché depuis toujours à la protection du patrimoine angkorien, Notre Auguste Père décida, dès 1989, de faire appel à l'UNESCO et, immédiatement après les Accords de Paris, en 1991, Il fit présenter la demande d'inscription d'Angkor sur la Liste du patrimoine mondial.

Il est de notoriété que c'est l'EFEO, dont les liens avec le Royaume du Cambodge sont plus que séculaires, qui contribua, au mieux, à l'élaboration du dossier scientifique et technique soumis à l'UNESCO. En ce temps-là, notre estimé confrère, le Professeur Azedine Beschaouch, assumait la présidence du Comité du patrimoine mondial. Il conduisit les débats de ce comité sur Angkor et fit aboutir la procédure d'inscription. Ainsi, le 14 décembre 1992, le site d'Angkor, couvrant plus de 40 000 hectares, fut proclamé Patrimoine culturel de l'humanité.

Aux côtés de la sollicitude royale, l'appui sans relâche de la France – qu'est venue conforter la solidarité active du Japon – a permis la mise en place d'une campagne internationale de sauvegarde et de valorisation assurément unique en son genre dans les annales internationales du patrimoine culturel. Entamée dès 1993, cette campagne s'est développée, comme vous le savez, tout au long de deux décennies, entre 1993 et 2013 et elle fut continuellement soutenue par les encouragements de Notre Auguste Père, jusqu'à son dernier souffle, puis par Nous-même. De plus, fait sans précédent, l'engagement massif de la communauté internationale en faveur d'Angkor, sous la présidence de la France et du Japon, vient d'être renouvelé, le 5 décembre dernier, pour une nouvelle décennie. Monsieur le Secrétaire perpétuel, le Professeur Michel Zink, qui représentait l'Académie, était présent à la Conférence intergouvernementale marquée par cet événement.

Notre journée d'études a largement atteint ses objectifs.

Tout d'abord, lieu de mémoire par excellence, notre Compagnie, toujours fidèle à sa tradition, a tenu à rappeler la séance du 14 mars 2003 et célébrer, dix années plus tard, deux décennies de coopération archéologique entre la France et le Cambodge !

Ensuite, cette journée a mis en exergue les grands progrès accomplis dans la connaissance du passé angkorien. Désormais, l'archéologie aide à préciser la chronologie de l'empire khmer. La morphologie urbaine, surtout à Angkor Thom, apparaît dans toute sa spécificité. Le système hydraulique ancien, entre les Monts Kulen et le Grand Lac Tonlé Sap, se révèle dans toute son ampleur.

De plus, en faisant l'honneur à un jeune chercheur cambodgien de lui réserver une communication au cours de la séance, l'Académie ouvre la voie de l'avenir et soutient fermement la coopération archéologique entre la France et le Cambodge. Nous souhaitons que cette coopération, déjà fructueuse, puisse conduire, dans des délais rapprochés, à un véritable partenariat, qui soit digne des liens séculaires, multiples, indéfectibles, entre nos deux pays.

Enfin, nous avons tous voulu témoigner que les serviteurs d'Angkor, ceux qui ont bien mérité de son patrimoine d'art, d'archéologie et d'histoire, ne seront jamais oubliés. Tel est le sens profond de l'hommage rendu à la mémoire de Pascal Royère et du rappel de son abnégation et de sa haute conscience. Pour Notre part, Nous Nous souviendrons toujours de la matinée du 3 juillet 2011, pendant laquelle Pascal Royère Nous a montré, au temple du Baphuon, la qualité de l'œuvre de restauration qu'il venait de conduire à son terme, après plus de seize ans d'efforts.

Paix à son âme !

Sa Majesté NORODOM Sihamoni, Roi du Cambodge

LISTE DES AUTEURS

Jacques Gaucher	École française d'Extrême-Orient Chef de la Mission archéologique française à Angkor Thom
Hang Peou	Docteur en hydrologie, directeur général adjoint de l'autorité nationale APSARA
Sa Majesté le Roi Norodom Sihamoni	Roi du Cambodge, associé étranger de l'Académie des Inscriptions et Belles-Lettres
Christophe Pottier	Architecte DPLG, maître de conférences à l'EFEO, responsable du Centre de l'EFEO à Bangkok
Dominique Soutif	Maître de conférences à l'EFEO, responsable du Centre de l'EFEO à Siem Reap
Franciscus Verellen	Membre de l'Académie des Inscriptions et Belles-Lettres
Michel Zink	Secrétaire perpétuel de l'Académie des Inscriptions et Belles-Lettres, professeur au Collège de France

TABLE DES MATIÈRES

Achevé d'imprimer sur les presses de l'imprimerie
PEETERS (Belgique)
en avril 2017